DATE DUE			

Italian Through Film
The Classics

Italian Through Film
The Classics

ANTONELLO BORRA
University of Vermont

CRISTINA PAUSINI
Wellesley College

Yale University Press New Haven & London

Images courtesy of Webphoto: pp. 6, 18, 30, 44, 56, 68, 80, 94, 108, 120, 134, 146, 160, 172, and 186. Images courtesy of Casa Editrice Universo: pp. 41, 42.

Publisher: Mary Jane Peluso
Development Editor: Brie Kluytenaar
Manuscript Editor: Deborah Bruce
Production Editor: Ann-Marie Imbornoni
Production Controller: Karen Stickler
Designer: James J. Johnson
Marketing Manager: Timothy Shea

Set in Simoncini Garamond and Memphis types by Integrated Publishing Solutions.
Printed in the United States of America by Vail-Ballou Press.

Library of Congress Cataloging-in-Publication Data

Borra, Antonello, 1963–
Italian through film : the classics / Antonella Borra, Cristina Pausini.
p. cm.
Includes bibliographical references.
ISBN-13: 978-0-300-10952-8 (pbk. : alk. paper)
ISBN-10: 0-300-10952-0 (pbk. : alk. paper)
1. Italian language—Textbooks for foreign speakers—English. 2. Italian language—Readers. 3. Motion pictures—Italy. 4. Italian language—Textbooks for foreign speakers—English. 5. Italian language—Readers. 6. Motion pictures—Italy. I. Pausini, Cristina. II. Title.
PC1128.B6738 2006
458.6′421—dc22 2006045188

A catalogue record for this book is available from the British Library.

The paper in this book meets the guidelines for permanence and durability of the Committee on Production Guidelines for Book Longevity of the Council on Library Resources.

10 9 8 7 6 5 4 3 2 1

Contents

Acknowledgments

We would like to thank all those who reviewed and in many different ways helped to bring this manuscript to publication. Our gratitude goes to reviewers Patricia Di Silvio, Tufts University; Irene Marchegiani, State University of New York, Stony Brook; and Dedda De Angelis, Brown University. Thanks to all the people who granted us permission to reproduce copyrighted images and readings or otherwise pointed us in the right direction to obtain those permissions. Once again we would like to thank Adriana Hoesle Borra and Scott D. Carpenter for their invaluable suggestions and technical assistance. We are also extremely grateful to Mary Jane Peluso, Brie Kluytenaar, Annie Imbornoni, and all the others at Yale University Press for their support throughout the writing and production stages of this book.

Introduction

After the success of our earlier volume, *Italian Through Film,* we recognized the need for a similar yet more comprehensive and versatile book. Ranging from 1945 to 1981, *Italian Through Film: The Classics* covers more than thirty years of Italian cinematography, including internationally renowned movies such as Roberto Rossellini's *Open City* and Vittorio De Sica's *The Bicycle Thief.*

Because our wish was to introduce students to the widest possible number of directors as well as to have them work with some of the classics of Italian moviemaking, we had to make some hard choices. For example, each director is featured only once, with a movie that is not necessarily the most famous or the most representative. Because of the limited number of chapters, we had to find a balance between our pedagogical goals as teachers and our preferences as film lovers. The movies that are included have been for the most part recently reprinted in DVD format, either in Italy or in the United States, sometimes in both. Only one of them, Dino Risi's *The Easy Life,* has not yet been re-released in either country at the time that this book is being printed. In spite of that, along with all of the others, it can be found in VHS format in most university libraries.

Italian Through Film: The Classics is a textbook slightly different from its predecessor. Conceived with a chronological, non-thematic approach, it is meant to be extremely flexible so as to encourage instructors to design their own cinema-based courses. The book is also addressed to a slightly different audience. Although it can still be used as an ancillary tool by college students at the higher beginning–lower intermediate level, it is actually the ideal textbook for a fifth or a sixth semester content-based college course. It offers ample material to abundantly cover alone a standard fifteen-week course, independent of the reading resources suggested in the bibliographies. However, it could also easily be used over two semesters, in association with (or even in the absence of) a reader chosen by the individual instructor.

The book is organized around fifteen masterworks of Italian postwar cinematography. Each chapter is devoted to one film and requires a minimum of three fifty-minute classes per week, in order to be sufficiently reviewed. For instructors who decide to use the book for one semester, each of the chapters offers a wide range of activities and teaching suggestions allowing them the option of concentrating only on some of the movies. Instead, other films might be assigned as individual student projects.

Each of the fifteen chapters is comprised of a rich array of pre-viewing, viewing, and post-viewing exercises, Internet-based tasks, and, new to this edition, a reading section featuring a signature piece in context with the themes presented in the film.

The introductory chapter, "Tanto per cominciare," another new feature of the book, will familiarize students with the essential vocabulary to talk about film and will review the most common structures used in expressing opinions. In a similar way, the closing chapter, "Per concludere," to be used towards the end of the semester, fosters class discussion based on comparisons between the movies studied and some specific cultural aspects encountered.

The "Bibliografie per saperne di più" section is designed for instructors using the book in more advanced classes who would like their students to embark on individual research projects by referring to specific, book-based activities and sources, which can be easily assessed and monitored.

At the beginning of the semester each student can be assigned a major, independent project (which could well be integrated by multimedia), requiring the reading of one (or more, depending on the class level) of the monographs on the various directors or the histories of cinema and Italian culture. Throughout the semester, the student will be responsible for retrieving the book (through interlibrary loan, if necessary), reading it (in parts or in its entirety) with the help of a good dictionary, and consulting with the instructor. Towards the end of the semester the project will be presented to the rest of the class. Alternatively, these projects can be organized as group work: one student will report on a director's biography, a second one on the director's works, a third one on relevant cultural aspects or on the contemporary history of Italian cinema.

Sample Lesson Plan for a Three-Day Week

First day. In class, cover the vocabulary with related exercises, the "Locandina" and "Prima della visione" questions. Verify comprehension of the information about the director, the movie, and the cultural highlights that you will already have assigned as homework for the class. As part of the next homework, assign the viewing of the film along with the sections "Vero o falso?," "Scelta multipla," and/or "Fornisci tu la risposta giusta."

Second day. In class, check answers to the homework, then proceed to cover some of the "Dopo la visione" activities. Later divide the class into groups and assign one or more of the questions from the "Spunti per la discussione orale." Ask the students to take notes so that they can report their answers to the whole class. Assign the Internet-based exercises, "La scena," and the reading in the expansion activities for homework.

Third day. Ask the students to share the results of their Internet research with one another and with you. Check answers to the "La scena" activity and verify comprehension of the reading in the expansion activities. Quickly go over the "Spunti per la scrittura" and ask the students which ones they would like to write about. Have the students work on some ideas for a composition and compare them with a partner, then with the whole class. Assign a composition from "Spunti per la scrittura" for the following class, when you will collect all compositions for correction and grading.

Tanto per cominciare

Un po' di vocabolario per parlare di film

Nomi ed espressioni

l'attore / l'attrice	actor / actress
l'attore / l'attrice non protagonista	actor / actress in a non-leading role
l'attore / l'attrice protagonista	actor / actress in a leading role
in bianco e nero	black and white
la carrellata	dolly shot
il cast	cast
il cinema	cinema / movie theater
la colonna sonora	soundtrack
la comparsa	extra
il copione	script
l'espressione	expression / look
il film	movie
il flashback	flashback
la fotografia	cinematography / photography
il fotogramma	still, frame
l'inquadratura	shot
la locandina	poster
la macchina da presa	movie camera
la mimica	gestures
il montaggio	editing
la panoramica	panning shot
il primo piano	close-up
la regia	direction
il regista / la regista	director
la ripresa	shooting / filming
il ruolo	role
la scena	scene
lo sceneggiatore / la sceneggiatrice	screenwriter

la sceneggiatura	screenplay
la scenografia	set design
lo scenografo	art director
lo schermo	screen
la sequenza	sequence
il set	set
lo sfondo	background
i sottotitoli	subtitles
i titoli di coda	final credits
i titoli di testa	opening credits
la trama	plot
la voce a fondo campo / fuori campo	voice-over

Verbi

carrellare	to track / to dolly
dirigere (p.p. diretto)	to direct
doppiare	to dub
fare l'attore / la comparsa / il regista	to be an actor / an extra / a director
girare	to shoot
inquadrare	to frame
interpretare	to interpret
montare	to edit
recitare	to act
sceneggiare	to script / to adapt

Esercizi di vocabolario

Tra i termini proposti, scegli quello definito dalla frase.

1. Recita in un film	regista / attore / scenografo
2. È usata per girare	sequenza / macchina da presa / colonna sonora
3. Vi si proietta il film	scena / schermo / montaggio
4. Le espressioni di un attore	trama / mimica / regia
5. Lo interpreta un personaggio	ruolo / set / sfondo

Completa le frasi con la parola o l'espressione giusta.

1. Sullo __________ si vedeva il tramonto, ma gli attori guardavano altrove.

2. Quell'attrice è molto bella, ma non sa proprio __________.

3. Chi è il regista che ha __________ *Casablanca*?

4. All'inizio del film, una __________ presenta i vari personaggi.

5. Un musicista famoso ha scritto __________.

Usando un dizionario monolingue, fornisci tu la definizione.

1. il montaggio

2. la regia

3. lo scenografo

4. la sequenza

5. la trama

Domande generali sul cinema italiano

1. Quali film italiani conosci? Dove e quando li hai visti?
2. Chi sono gli attori italiani che hai già visto recitare? In quali film?
3. Chi sono i tuoi attori preferiti? Li hai mai visti interpretare personaggi italiani?
4. Hai mai visto un film americano doppiato in italiano? Che impressione ti ha fatto?
5. Conosci registi italiani che hanno girato film in inglese e con attori americani?

Tanto per non dimenticare

Per esprimere opinioni e cominciare a discutere

Di solito mi piacciono i film che...	Usually I like movies that . . .
Mi è piaciuto / non mi è piaciuto perché...	I liked it / did not like it because . . .
Per me... / Secondo me...	In my opinion . . .
Io credo / penso / ritengo che...	I think / believe / maintain that . . .
Sono d'accordo (con te / lei / lui / Lei...)	I agree (with you [informal] / her / him / you [formal] . . .)
Non sono affatto d'accordo.	I completely disagree.
Direi / non direi che...	I would / would not say that . . .

Per chiedere opinioni

A te / a Lei è piaciuto questo film?	Did you (formal/informal) like this film?
Ti / Le sono piaciuti i personaggi?	Did you (formal/informal) like the characters?
Tu che ne dici? / Che te ne pare?	What do you say about it / them? (informal)
Lei che ne dice? / Che gliene pare?	What do you say about it / them? (formal)
Tu cosa ne pensi?	What do you think about it / them? (informal)
Lei cosa ne pensa?	What do you think about it / them? (formal)

I film

Osserva e descrivi la locandina originale del film utilizzando la scheda 1 in fondo al libro.

1

Roma, città aperta

(*Open City*)

di ROBERTO ROSSELLINI (1945)

Il regista. Roberto Rossellini nasce a Roma nel 1906 ed è considerato, insieme a Vittorio De Sica, il massimo esponente del realismo cinematografico italiano del dopoguerra, il cosiddetto neorealismo. Inizia a lavorare nell'ambito del cinema di regime con documentari e collaborando alla sceneggiatura di *Luciano Serra, pilota* (1938) di Goffredo Alessandrini. Già i suoi primi film, *La nave bianca* (1941), *Un pilota ritorna* (1942) e *L'uomo della croce* (1943), nonostante gli aspetti propagandistici, privilegiano uno stile realista. Il primo dei suoi capolavori è *Roma, città aperta* (1945), seguito da *Paisà* (1946) e da *Germania anno zero* (1947). Della vastissima produzione successiva si ricordano almeno *La macchina ammazzacattivi* (1948), *Viaggio in Italia* (1954) e *Il generale della Rovere* (1959). Roberto Rossellini muore a Roma nel 1977.

La trama. Il film è ambientato a Roma tra il 1943 e il 1944, durante i nove mesi dell'occupazione nazista della città, e narra le vicende che portano all'uccisione di Giorgio Manfredi, uno dei capi della Resistenza. Riuscito all'ultimo momento a sfuggire a un tentativo di cattura, Manfredi si rifugia a casa di Francesco, dove entra in contatto con don Pietro, un prete di borgata che aiuta gli oppositori del regime. L'indomani è il giorno del matrimonio tra Pina e Francesco, ma le cose non vanno come previsto.

Gli interpreti principali. Anna Magnani (Pina), Aldo Fabrizi (Don Pietro), Marcello Pagliero (Giorgio Manfredi), Maria Michi (Marina), Harry Feist (Bergmann), Giovanna Galletti (Ingrid), Francesco Grandjacquet (Francesco).

Nota culturale. Con la firma dell'armistizio tra l'Italia e le Forze alleate angloamericane nel settembre del 1943, la città di Roma viene dichiarata zona demilitarizzata, «città aperta», allo scopo di salvarne i tesori artistici dalla distruzione della guerra. Pochi giorni dopo, le forze armate tedesche invadono la capitale e danno presto inizio a sanguinose rappresaglie contro gli oppositori del deposto regime fascista, ancora fedele all'alleanza con la Germania. La Gestapo, la famigerata e crudele polizia politica nazista, ha la sua sede in via Tasso, dove vengono torturati ed uccisi numerosi antifascisti e ufficiali dell'esercito italiano passato a collaborare con gli angloamericani.

1. Prima della visione

1. Cosa sai della storia dell'Italia durante la Seconda guerra mondiale?
2. Hai visto film che trattano dell'Italia di quegli anni? Quali?
3. Che cosa intendi per guerra civile? Quali esempi ne sai dare?

Vocabolario preliminare

la borsa nera	black market
il coprifuoco	curfew
il forno	(here) bakery
la levatrice	midwife
il maggiore	major
l'oratorio	parish youth meeting hall
il partigiano	partisan
la pelliccia	fur coat
il questore	chief of police
il rastrellamento	mopping up, combing
la retata	roundup
il sacerdote	priest
il sacrestano	sexton
la sacrestia	sacristy, vestry
lo scapolo	bachelor
il seminterrato	basement
il tipografo	typesetter
circondare	to surround
confessarsi	to go to confession
segnalare	(here) to report

Completa le frasi con la parola o l'espressione giusta.

1. Questa mattina sono andato al __________ a prendere il pane.

2. Durante il __________ non è possibile uscire senza un permesso speciale.

3. Per stampare il nostro giornale ci siamo rivolti a un bravo__________.

4. L'ingegnere non si è mai sposato, preferisce rimanere __________.

5. Celebrare la messa è solo una delle tante attività di un __________.

Abbina il nome con la sua corretta definizione nella colonna a destra.

1. la levatrice	è un funzionario di polizia
2. il questore	assiste le donne che partoriscono
3. il maggiore	tiene in ordine la chiesa per il sacerdote
4. il sacrestano	partecipa alla Resistenza
5. il partigiano	è un ufficiale dell'esercito

2. Durante e dopo la visione

Vero o falso?

1. La folla ha assaltato una pasticceria.	V	F
2. Marcello è il figlio di Pina.	V	F
3. Don Pietro è il parroco di San Clemente.	V	F
4. Il vero nome di Giorgio Manfredi è Luigi Ferraris.	V	F
5. Pina è vedova e aspetta un bambino.	V	F
6. Pina è senza un soldo perché ha venduto tutto per tirare avanti.	V	F
7. Lauretta fa la cameriera.	V	F
8. Marina è un'attrice di rivista.	V	F
9. La madre di Marina faceva la portiera.	V	F
10. Romoletto è un vecchio che abita nell'edificio di Pina.	V	F
11. *Mattinata fiorentina* è il titolo di una canzone.	V	F
12. Agostino è il sacrestano di don Pietro.	V	F
13. «L'uomo dalle scarpe strette» è Manfredi.	V	F
14. Don Pietro viene torturato.	V	F

Scelta multipla

1. All'arrivo dei soldati tedeschi Manfredi scappa __________.
   a. passando dai tetti
   b. saltando dalla finestra
   c. sparando

2. La sorella di Pina si chiama __________.
   a. Marina
   b. Lauretta
   c. Ingrid

3. Francesco di professione fa __________.
    a. l'ingegnere
    b. il tipografo
    c. il panettiere

4. Pina e Francesco si conoscono da __________.
    a. sei mesi
    b. sei anni
    c. due anni

5. La tipografia clandestina è nel seminterrato di un negozio di __________.
    a. fiori
    b. articoli religiosi
    c. vestiti

6. I libri che don Pietro prende in tipografia contengono __________.
    a. informazioni segrete
    b. bombe
    c. denaro

7. Pina va a trovare don Pietro perché vuole __________.
    a. confessarsi
    b. aiuto per la sorella
    c. informazioni su Manfredi

8. Il messaggio portato dal soldato austriaco a don Pietro è nascosto

__________.
    a. in una pallottola
    b. nelle scarpe
    c. nella cintura

9. Il soldato austriaco disertore arriva da __________.
    a. Torino
    b. Cassino
    c. Berlino

10. Manfredi e Marina si sono conosciuti durante __________.
    a. un allarme
    b. uno spettacolo
    c. una messa

11. Pina viene uccisa perché vuole __________.
    a. impedire l'arresto di Francesco
    b. uccidere un soldato
    c. nascondere Manfredi

12. Pina muore ________.
    a. in mezzo alla strada
    b. sulle scale
    c. all'ospedale

13. Il disertore austriaco ________.
    a. muore sotto le torture
    b. si impicca
    c. viene fucilato

Fornisci tu la risposta giusta.

1. Cosa sta facendo don Pietro quando lo si vede per la prima volta?

2. Chi sono le uniche persone autorizzate a circolare durante il coprifuoco?

3. Perché don Pietro durante la retata vuole entrare nel palazzo?

4. Cosa fanno i genitori ai bambini tornati a casa dopo il coprifuoco?

5. In che modo don Pietro riesce a calmare il vecchio Biagio durante la retata?

6. Quando viene catturato Manfredi?

7. Perché Francesco sfugge alla cattura di Manfredi e don Pietro?

8. Che cosa riceve Marina da Ingrid negli uffici della Gestapo?

9. Cosa hanno trovato i tedeschi a casa del parroco?

3. Dopo la visione

La frase. Chi pronuncia le seguenti frasi e in quale momento del film?

1. «Viene molta gente a trovarlo?»

2. «Una persona è mancata a un appuntamento.»

3. «Quanto gridano questi italiani.»

4. «La verità è che io ci credo a Dio.»

5. «È mio dovere soccorrere chi ha bisogno d'aiuto.»

6. «Ci sono tante cose che ci fanno male, eppure le facciamo lo stesso.»

7. «Questo è male per la mia modestia e per la mia salute.»

8. «È vero che da domani ti devo chiamare papà?»

9. «Non dobbiamo avere paura perché siamo nel giusto.»

10. «Una volta arrivavano come i pompieri!»

11. «Povere bestie!»

12. «Io non sono quello che Lei crede.»

13. «Voi italiani, di qualunque partito siate, siete ammalati di retorica.»

«Lei» o «Voi»?

Alcuni personaggi usano il «Lei» e altri usano il «Voi» con gli estranei. Fai una lista di chi usa l'una o l'altra forma e confronta il tipo di rapporto tra i personaggi in questione.

«Lei»:

«Voi»:

Filosofie di vita

Le due frasi che seguono sono pronunciate rispettivamente da Giorgio e da Marina: «La vita è come vogliamo che sia», «La vita è una cosa brutta, sporca». Descrivi le diverse filosofie di vita dei due personaggi rispecchiate in queste frasi e quindi fai una lista di tutte le informazioni che il film dà sulle vite di Giorgio e Marina. Anche tu hai una filosofia di vita esplicita? Secondo te, com'è la vita?

Giorgio

filosofia di vita:

informazioni su di lui:

Marina

filosofia di vita:

informazioni su di lei:

La tua filosofia di vita:

L'abitazione

Confronta l'appartamento di Marina con quello di Pina. Quali differenze noti?

	casa di Marina	casa di Pina
i mobili:		
gli oggetti:		
il numero di inquilini:		

Le personalità

Usa almeno cinque aggettivi tra quelli elencati per descrivere i seguenti personaggi. Per ognuno di essi ricorda anche una scena tipica che dimostri in maniera emblematica il suo carattere.

coraggioso – vigliacco – opportunista – disinteressato – astuto – stupido – freddo – appassionato – calmo – emotivo – nervoso – implacabile – conciliante – impaurito – terrorizzato – calcolatore – geloso – indifferente – crudele – spietato – nobile – orgoglioso – generoso – egoista – debole – forte – sanguinario – compassionevole – gelido – caloroso – sicuro – insicuro – materialista – onesto – bugiardo – intelligente – triste – mite – duro – rassegnato

Il maggiore Bergmann:
scena tipica:

Ingrid:
scena tipica:

Manfredi:
scena tipica:

Marina:
scena tipica:

Pina:
scena tipica:

Don Pietro:
scena tipica:

Descrivi brevemente la relazione fra i seguenti personaggi:

Pina e Francesco:

Francesco e Manfredi:

Francesco e Marcello:

Manfredi e Marina:

Ingrid e Bergmann:

Don Pietro e i bambini della sua parrocchia:

Adesso reciti tu!

Il personaggio più ambiguo è sicuramente Marina. Riesci a capire comunque in parte le sue motivazioni? Insieme ai tuoi compagni immagina di dovere fare un processo a Marina dopo la fine della guerra. Distribuisci i vari ruoli degli avvocati dell'accusa e della difesa, di due testimoni (per esempio Lauretta e Francesco), della giuria, del giudice e di Marina.

Un fotogramma da Internet

Con l'aiuto di un motore di ricerca, trova un'immagine tratta dal film, stampala e preparati a illustrarla ai tuoi compagni utilizzando la scheda 2 in fondo al libro.

La scena

Riguarda la scena dell'esecuzione di don Pietro e rispondi alle domande che seguono.

1. «Non è difficile morire bene, è difficile vivere bene.» Cosa significa questa frase di don Pietro nel contesto più ampio del film? Che significato particolare può avere per l'interlocutore a cui è indirizzata?

2. Riassumi la scena dell'esecuzione nei minimi dettagli e poi spiega il comportamento dei soldati italiani. Perché, secondo te, sbagliano mira?

3. Quando hai già visto l'ufficiale tedesco che spara a don Pietro? Che impressione ti aveva fatto allora? Quale impressione ti fa in questa scena?

Spunti per la discussione orale

1. Come descriveresti il personaggio di Pina?
2. Che differenze ci sono tra Francesco e Giorgio Manfredi?
3. Che differenze ci sono tra Lauretta e Marina?
4. Confronta Pina e la sorella. Cosa le accomuna?
5. Quali sono i momenti comici in questo film? Riassumi cosa succede e perché sono divertenti.
6. Quale scena del film ti ha colpito di più? Perché?
7. Quale ruolo svolgono i bambini nella storia?
8. Il film non racconta il destino di Francesco. Come immagini il suo futuro?

Spunti per la scrittura

1. Manfredi decide di lasciare Marina. Scrivi la sua lettera di addio.
2. Stendi il rapporto dell'ufficiale tedesco alla polizia italiana sull'interrogatorio e sulla successiva morte di Manfredi.
3. Un giornale clandestino riporta la notizia della morte di Manfredi e di don Pietro. Prepara tu l'articolo.
4. Marina tiene un diario. Scrivi tu per lei la pagina in cui si parla della morte di Manfredi.
5. Immagina di essere Francesco e scrivi una lettera al figlio di Pina.
6. Scrivi una recensione di questo film e spiega se per te questo film ha ancora qualcosa da dire oggi.

Spunti per la ricerca

1. Il Comitato di Liberazione Nazionale.
2. Il governo Badoglio e i badogliani.
3. Le trasmissioni di Radio Londra durante la guerra.
4. In una scena Bergmann guarda i titoli di vari giornali: *Il Popolo, L'Avanti, La Voce operaia, L'Italia libera, L'Unità, Risorgimento liberale.* Quali di questi giornali esistono ancora oggi?
5. La Resistenza tra realtà e mito postbellico.

Internet

Usando un motore di ricerca, trova informazioni sugli argomenti che seguono e poi presenta alla classe i tuoi risultati.

1. Anna Magnani e la sua carriera cinematografica
2. Aldo Fabrizi e il suo lavoro in teatro e in televisione

4. Espansione

Leggi il brano che segue e poi svolgi le attività proposte.

Da: Rossellini, Roberto. *L'intelligenza del presente.* In *Trilogia della guerra.* (A cura di Stefano Roncoroni.) Bologna: Cappelli, 1972.

> ...Posso, comunque, non ricordarmi i film, ma sono intimamente convinto che tra quelli e tutta la mia attività successiva vi sia un legame logico perché gli interessi che mi hanno sempre animato sono strettamente connessi; del resto, sono sempre la stessa persona che si muove, si agita, sogna, s'appassiona. Per questo, a mio parere, non c'è alcuna differenza sostanziale, anche se in apparenza non è così, tra questi film e i documentari televisivi didattici del tipo *La presa del potere* o *La lotta per la sopravvivenza dell'uomo.* Comunque si considerino, anche *Roma, città aperta* e *Paisà* erano didattici, anche *Germania anno zero* era didattico, proprio perché lo sforzo che facevo—questo credo di saperlo in modo molto preciso—era di prendere coscienza degli avvenimenti nei quali ero rimasto immerso, dai quali ero stato travolto. Era l'esplorazione non solo di fatti storici, ma proprio di atteggiamenti, di comportamenti che quel certo clima, quella certa situazione storica determinavano. Anche allora sentivo il bisogno di essere ben orientato a capire le cose; ecco, questo è il punto, questo è quello che mi muove ancora oggi: partire dal fenomeno ed esplorarlo e far scaturire da questo liberamente tutte quante le conseguenze, anche politiche; non sono mai partito dalle conseguenze e non ho mai voluto dimostrare niente, ho voluto soltanto osservare, guardare, obiettivamente, moralmente, alla realtà e cercare di esplorarla in modo che da essa scaturissero tanti dati dai quali si potevano poi trarre certe conseguenze.
>
> Io credo fermamente che tutti i grandi malintesi che ci sono stati in quel certo periodo del cinema italiano in cui il realismo, il neorealismo, come lo chiamavano, s'identificava con il realismo sociale, nascevano proprio da questa differenza di partenza: c'erano alcuni che partivano così come partivo io, c'erano altri che partivano dall'altra posizione, cioè da una ideologia accettata, seppure liberamente, e che costituiva il filtro attraverso cui vedevano tutto. *Roma,*

città aperta e *Paisà* erano dei film che, bene o male, per lo meno nelle mie intenzioni, dovevano rappresentare una specie di bilancio di quel periodo di storia, di quei vent'anni di fascismo che si concludevano con il grande dramma della guerra che era il frutto di un qualche cosa che era stato molto più forte di noi e che ci aveva sommersi, schiacciati e coinvolti. Ora, fatto un bilancio, può essere che si apra un nuovo esercizio, direbbe anche un ragioniere, no? Questo voler studiare il fenomeno mi ha spinto ad interessarmi di tanti altri fenomeni, perché il mondo non è fatto solo del fenomeno della Resistenza.

Bene o male, le cose che sono andato a guardare, ad esplorare, s'accompagnavano in un certo senso a quello che stava accadendo dopo la Resistenza che nasceva dalla Resistenza.

Dopo la Resistenza, che cosa c'è stato? La ricostruzione, la ricostituzione dello Stato, la Repubblica, ci sono stati degli uomini che hanno dovuto affrontare la vita in termini completamente nuovi e su questi si è appuntato il mio interesse, che però era lo stesso che avevo avuto per questi due film.

Così sono nati *Germania anno zero* e tutti gli altri miei film; ma è da quest'ultimo che sono cominciati gli equivoci...

Vero o falso?

1. *La presa del potere* è un film di Rossellini. V F
2. Per l'autore, *Paisà* è un documentario didattico. V F
3. Nei suoi film, Rossellini partiva da una ideologia precisa. V F
4. Rossellini non si è mai interessato della Resistenza. V F
5. Chi ha ricostruito lo Stato attira l'attenzione del regista. V F

Domande

1. Di quanti e di quali fra i suoi film parla Rossellini in questo testo?
2. Perché questi film sono, a suo dire, didattici?
3. Quale è la differenza che Rossellini vede tra il proprio modo di essere realista e quello di altri cineasti?
4. Cosa doveva rappresentare un film come *Paisà,* per l'autore?
5. Secondo te, quali possono essere gli equivoci di cui parla Rossellini?

Approfondimenti

1. Trova informazioni su *Paisà* e *Germania anno zero,* riassumi la trama dei due film e poi confronta i tuoi risultati con il resto della classe.
2. Che cosa si intende esattamente per Resistenza? Fai una ricerca sulla sua storia e sui suoi protagonisti.
3. Quando esattamente e come nasce la Repubblica Italiana? Chi ne sono i promotori e chi gli oppositori?

Osserva e descrivi la locandina originale del film utilizzando la scheda 1 in fondo al libro.

2

Ladri di biciclette

(*The Bicycle Thief*)

di VITTORIO DE SICA (1948)

Il regista. Vittorio De Sica nasce nel 1901 in provincia di Frosinone, a sud di Roma. Entra molto presto a lavorare in teatro, specializzandosi in ruoli comici e sentimentali. Negli anni Trenta esordisce nel cinema e nel decennio successivo egli comincia la sua lunga carriera di regista, pur continuando a recitare fino agli anni Settanta. Muore nel 1974. Tra gli altri suoi film ricordiamo *Sciuscià* (1946), *Miracolo a Milano* (1951), *Umberto D.* (1952), *L'oro di Napoli* (1954), *La ciociara* (1960), *Ieri, oggi, domani* (1963) e *Il giardino dei Finzi-Contini* (1970). Questi ultimi due film, come *Ladri di biciclette,* vengono premiati con l'Oscar.

La trama. Antonio Ricci, un operaio disoccupato, trova finalmente un impiego come attacchino municipale. Il lavoro richiede una bicicletta e Antonio la deve riscattare al monte di pietà impegnando le lenzuola del corredo matrimoniale. Il primo giorno di servizio la bicicletta è rubata e Antonio, disperato, si mette alla ricerca del ladro e dell'indispensabile strumento di lavoro. Il figlioletto Bruno lo accompagna nella sua avventura in giro per la città.

Gli interpreti principali. Enzo Stajola (Bruno Ricci), Lamberto Maggiorani (Antonio Ricci), Lianella Carell (Maria Ricci).

Nota culturale. Negli anni immediatamente successivi alla Seconda guerra mondiale, la situazione occupazionale è drammatica in tutto il Paese. Nel 1948 la disoccupazione arriva probabilmente a sfiorare il 20% delle forze lavorative, stimate attorno ai 5.000.000 di unità. Le file dei disoccupati in cerca di un impiego, anche temporaneo, davanti a uffici di collocamento o cantieri sono una realtà quotidiana, così come la pratica di impegnare oggetti di valore al monte di pietà per avere in cambio denaro contante.

1. Prima della visione

1. Ti piace andare in bicicletta? Hai una bicicletta? Di che tipo? Quando e per cosa la usi?
2. Tutti a lavorare in bicicletta per risparmiare e combattere l'inquinamento! Cosa ne pensi?
3. Sei mai stato a Roma? Hai visto fotografie della città? Hai visto altri film girati a Roma?
4. Esiste il monte di pietà nel tuo paese? Tu ne hai mai fatto uso?

Vocabolario preliminare

l'attacchino	worker who attaches posters on walls
il campanello	bell
la denuncia	report made to the police
il furto	theft
la gomma	tire
l'indagine	police investigation
la lagna	whining
il manifesto	poster
il monte di pietà	pawn shop
la pompa	pump
il sussidio	unemployment benefits
il telaio	bicycle frame
arrangiarsi	to manage
avere la testa sulle spalle	to be sensible and responsible
fregare qualcuno	to swindle
impegnare	(here) to pawn
non fare male a una mosca	to be harmless
rubare	to steal
stare per i fatti propri	to keep to oneself
testimoniare	to testify

Espressioni dialettali

ammazza	what the hell!
annamo	let's go!
fregnacce	trifles / silly things
mannaggia	damn! / hell!

Riscrivi le frasi con un sinonimo delle espressioni in corsivo scegliendolo dalla lista di vocabolario.

1. Antonio *è una persona responsabile.* Antonio...
2. Bruno *non gioca con gli altri bambini.* Bruno...
3. Il vecchio *è inoffensivo.* Il vecchio...

Sostituisci l'espressione in corsivo con l'equivalente dialettale.

1. «*Andiamo,* tuo figlio ti aspetta.»
2. «Non dire *stupidaggini!*»
3. «*Accidenti!* Per poco non cadevi!»

Completa le frasi con la parola o l'espressione giusta.

1. Antonio va dalla polizia per fare __________.

2. L'attacchino deve incollare __________.

3. La polizia non ha tempo per fare __________.

4. Per fare arrestare il ladro, Antonio ha bisogno di qualcuno in grado di

__________.

5. Chi è disoccupato ha diritto a ricevere __________.

2. Durante e dopo la visione

Vero o falso?

1. Antonio deve avere la bicicletta per poter lavorare. V F
2. Antonio e Maria ricevono 7.000 Lire per le lenzuola. V F
3. Bruno è dispiaciuto del nuovo lavoro di suo padre. V F
4. Bruno frequenta la scuola elementare. V F
5. La bicicletta di Antonio viene rubata mentre lui lavora. V F
6. La polizia aiuta Antonio a ritrovare la bicicletta. V F
7. La sera del furto Antonio si fa consolare da Maria. V F
8. Maria aiuta Antonio a ritrovare la bicicletta. V F
9. Antonio dà uno schiaffo al figlio. V F

10. Bruno rischia di annegare nel fiume. V F
11. In trattoria Bruno e Antonio mangiano un piatto di pasta. V F
12. La santona dà un consiglio utile ad Antonio. V F
13. Antonio ritrova il ladro in chiesa. V F
14. Il ragazzo sospettato da Antonio è un famoso delinquente. V F
15. Il poliziotto non può arrestare il ladro perché Antonio non ha prove. V F
16. Bruno va a casa in tram perché suo padre gli dà i soldi. V F

Scelta multipla

1. Antonio è disoccupato da __________.
   a. due mesi
   b. due anni
   c. cinque anni

2. Cosa fanno Antonio e Maria con le lenzuola? __________.
   a. le vendono al mercato
   b. le portano al monte di pietà
   c. le danno a un amico

3. Con il nuovo lavoro, Antonio guadagnerebbe __________ ogni quindici giorni.
   a. 10.000 Lire
   b. 6.000 Lire
   c. 8.000 Lire

4. Cosa vuole Maria dalla santona? __________.
   a. sapere se diventeranno ricchi
   b. sapere se Antonio la ama
   c. pagarla per una profezia

5. Il vecchio fugge da Antonio e Bruno perché __________.
   a. è malato di mente
   b. ha paura di essere aggredito
   c. non vuole guai con la polizia

6. Il ladro si rifugia __________.
   a. a casa della sua famiglia
   b. in un orfanotrofio
   c. in un bordello

7. Antonio porta Bruno in trattoria perché ________.
   a. è pentito di averlo trattato male
   b. gliel'aveva promesso
   c. ha qualcosa da festeggiare

8. Padre e figlio non mangiano la pizza come volevano perché ________.
   a. costa troppo
   b. in trattoria non fanno la pizza
   c. la mangiano tutti i giorni

9. Che frase viene detta ad Antonio quando la folla lo blocca? ________.
   a. «Perché l'hai fatto?»
   b. «Meriti la galera.»
   c. «Belle cose che insegni a tuo figlio.»

Fornisci tu la risposta giusta.

1. Dove abitano Antonio e Maria? Qual è l'indirizzo?

2. Quante sono le lenzuola e in che condizioni sono?

3. Quale è la marca della bicicletta di Antonio?

4. Cosa dice la santona prima di fare le sue profezie?

Descrizioni

1. La casa di Antonio e di Maria.
2. L'appartamento della famiglia del ladro.
3. L'espressione di Bruno dopo che ha visto suo padre rubare.
4. L'espressione di Antonio nell'ultima scena del film.

3. Dopo la visione

Un fotogramma da Internet

Con l'aiuto di un motore di ricerca, trova un'immagine tratta dal film, stampala e preparati a illustrarla ai tuoi compagni utilizzando la scheda 2 in fondo al libro.

La scena

Riguarda la sequenza iniziale e svolgi le attività che seguono.

Domande

1. In quale momento della giornata siamo?
2. Dove si svolge la scena?
3. Cosa sta facendo Antonio quando lo chiamano?
4. Perché, quando gli si chiede se ha la bicicletta, Antonio risponde: «Ce l'ho e non ce l'ho. Non subito.»?
5. Come reagiscono gli altri disoccupati? Perché?

Descrizioni

1. Descrivi l'impiegato. Com'è vestito? Cos'ha in bocca? Come tratta i disoccupati?
2. Descrivi Antonio. Quali diversi stati d'animo si alternano in lui in questa sequenza?
3. Descrivi gli altri disoccupati. Quali sono invece i loro stati d'animo? Come reagiscono ai diversi sviluppi della vicenda?

Rimetti le frasi nell'ordine in cui vengono pronunciate.

1. «Ce l'ho io la bicicletta.»
2. «Annamo te vonno. Ma che sei sordo?»
3. «C'è niente per noi?»
4. «C'è il posto.»
5. «Ce vo' la bicicletta.»
6. «Ricci! C'è Ricci?»
7. «Un po' di pazienza e vediamo di sistemarvi tutti.»
8. «E cambiame de categoria!»

Ricostruisci la sequenza temporale degli eventi dal primo all'ultimo.

1. L'impiegato ricorda che ci vuole la bicicletta.
2. Antonio attraversa la strada insieme a un altro disoccupato.
3. Tutti dicono di avere la bicicletta.
4. L'impiegato dà una carta ad Antonio.
5. Antonio dice che subito non ha la bicicletta.
6. Un disoccupato corre a chiamare Antonio.
7. L'impiegato cerca Ricci.

Le personalità

Descrivi le personalità di Antonio e di Bruno usando almeno cinque aggettivi tra quelli elencati qui di seguito. Se vuoi, puoi anche aggiungere altri aggettivi.

onesto – disonesto – ignorante – timido – intraprendente – introverso – estroverso – semplice – arrogante – modesto – innocente – volenteroso – comprensivo – triste – allegro – speranzoso – disperato – previdente – spericolato – severo – amareggiato – depresso – malinconico – affettuoso – creativo – fantasioso – deciso – irresoluto

Antonio:

Bruno:

Adesso reciti tu!

Insieme ad un compagno / una compagna prepara un breve dialogo per ognuna delle situazioni proposte e poi recitalo davanti alla classe. Usa almeno cinque battute per personaggio.

1. Antonio ritorna in lacrime a casa dalla moglie.

MARIA: Ma che cosa è successo?

ANTONIO:

MARIA:

ANTONIO:

MARIA:

ANTONIO:

MARIA:

ANTONIO:

MARIA:

ANTONIO:

2. Dopo il dialogo con il marito, Maria prende Bruno con sé ed esce di casa.

BRUNO: Mamma, dove andiamo?

MARIA:

BRUNO:

MARIA:

BRUNO:

MARIA:

BRUNO:

MARIA:

BRUNO:

MARIA:

Spunti per la discussione orale

1. Quali scene del film corrispondono alla tua immagine dell'Italia e quali no?
2. Perché Antonio cambia opinione sulla santona?
3. Perché il proprietario della bicicletta rubata da Antonio non lo fa arrestare?
4. Lo spettatore capisce benissimo perché Antonio cerca di rubare la bicicletta. Credi che anche il ladro della bicicletta di Antonio avesse un motivo valido per rubare? Perché sì, perché no?

Spunti per la scrittura

1. Racconta come potrebbe continuare la vicenda. Scrivi almeno una pagina.
2. Descrivi il rapporto che esiste tra Bruno e suo padre. Che tipo di legame li unisce? Come si sviluppa durante il film? Come potrebbe cambiare dopo la scena finale?

3. Secondo te, cosa rappresenta la storia di Antonio e Bruno? Scrivi un tema sul senso della loro vicenda e perché può essere importante fare un film per raccontarla.

4. *Ladri di biciclette* ha ancora qualcosa da dire oggi, secondo te? Perché sì, perché no? Spiega quale messaggio può avere il film per la società in cui vivi.

5. Scrivi una recensione molto positiva al film.

6. Scrivi una recensione molto negativa.

Spunti per la ricerca

1. La disoccupazione in Italia dopo la Seconda guerra mondiale.

2. Il neorealismo è un movimento artistico molto importante non solo nel cinema, ma anche nella letteratura e nell'arte. Fai una ricerca sugli aspetti e sui rappresentanti più significativi del movimento.

3. Il film *Ladri di saponette*, omaggio al film e parodia del neorealismo.

Internet

Usando un motore di ricerca, trova informazioni sugli argomenti che seguono e poi presenta alla classe i tuoi risultati.

1. La carriera di Vittorio De Sica come attore: i film che ha interpretato e gli attori famosi con cui ha recitato.
2. Cesare Zavattini: sceneggiatore, regista, scrittore.

4. Espansione

Leggi attentamente il testo tratto da un'intervista a Vittorio De Sica e svolgi gli esercizi che seguono.

Da: *Le storie del cinema italiano, nuova edizione aggiornata e integrata,* Cineteca di Bologna 2006–2007.

> Un giorno Zavattini mi dice: «è uscito un libro di Luigi Bartolini, leggilo, c'è da prendere il titolo e lo spunto». Era *Ladri di biciclette.* Bartolini ci cede il titolo e il diritto a trarre dal libro l'idea di un film,

per un certo compenso. Più tardi, a film ultimato, protesterà violentemente. Quel soggetto mi appassionava profondamente. Solo in altri due soggetti ho creduto con uguale fermezza: *Sciuscià* e *Umberto D.;* su tutti gli altri ho nutrito, prima della realizzazione, dubbi...

Per la verità, la storia si differenzia dal libro (che è davvero festoso, colorito e direi picaresco) in maniera piuttosto radicale. Basti dire che il protagonista, il derubato, non è Bartolini ma un attacchino che gira disperatamente per Roma in cerca del suo veicolo. Da qui un altro ambiente, altri interessi, adatti ai miei mezzi e ai miei scopi. Perché allora abbiamo conservato questo titolo acquistando inoltre i diritti di libera riduzione dal libro? Per un doveroso riconoscimento a un insigne artista che con le sue vive pagine ha dato, sia pure indirettamente, motivi di ispirazione per il mio nuovo film. Il mio scopo, dicevo, è di rintracciare il drammatico nelle situazioni quotidiane, il meraviglioso nella piccola cronaca, anzi nella piccolissima cronaca, considerata dai più come materia consunta.

Che cos'è infatti il furto di una bicicletta, tutt'altro che nuova e fiammante, per giunta? A Roma ne rubano ogni giorno un bel numero e nessuno se ne occupa, giacché nel bilancio del dare e avere di una città chi volete che si occupi di una bicicletta? Eppure per molti, che non possiedono altro, che ci vanno al lavoro, che la tengono come l'unico sostegno nel vortice della vita cittadina, la perdita della bicicletta è un avvenimento importante, tragico, catastrofico. Perché pescare avventure straordinarie quando ciò che passa sotto i nostri occhi e che succede ai più sprovveduti di noi è così pieno di una reale angoscia? La letteratura ha scoperto da tempo questa dimensione moderna che puntualizza le minime cose, gli stati d'animo considerati troppo comuni. Il cinema ha nella macchina da presa il mezzo più adatto per captarla. La sua sensibilità è di questa natura, e io stesso intendo così il tanto dibattuto realismo. Il quale non può essere, a parer mio, un semplice documento.

Domande

1. Chi è Luigi Bartolini?
2. Perché, secondo te, Bartolini protesta dopo che il film è stato realizzato?
3. In cosa si differenzia il film dal libro?
4. Qual è lo scopo artistico di De Sica?
5. Perché nessuno si occupa del furto di una bicicletta?
6. Perché, secondo De Sica, non è necessario cercare storie straordinarie?
7. Cosa intende De Sica con l'ultima frase?

Approfondimenti

Cerca in biblioteca o su Internet informazioni sulla trama di *Sciuscià* e *Umberto D.* e fai un confronto tra le tematiche sociali sollevate da questi film e da *Ladri di biciclette.*

Intervista

Prepara cinque domande che avresti voluto fare a Bruno e altrettante che avresti voluto fare ad Antonio, poi fai rispondere due compagni.

Domande a Bruno

1.

2.

3.

4.

5.

Domande ad Antonio

1.

2.

3.

4.

5.

Osserva e descrivi la locandina originale del film utilizzando la scheda 1 in fondo al libro.

3

Riso amaro

(*Bitter Rice*)

di GIUSEPPE DE SANTIS (1949)

Il regista. Giuseppe De Santis nasce in Ciociaria, una zona del Lazio meridionale, nel 1917. Trasferitosi a Roma giovanissimo, vi studia lettere e filosofia all'università. In seguito, lavora come sceneggiatore e critico cinematografico prima di diventare egli stesso regista. Durante la Seconda guerra mondiale prende parte alla Resistenza e successivamente milita nelle file del Partito comunista. Il suo primo film è *Caccia tragica* (1947), seguito da *Riso amaro* (1949), *Non c'è pace tra gli ulivi* (1950) e *Roma ore 11* (1951). Dalla fine degli anni Cinquanta la produzione di De Santis diminuisce notevolmente. Il regista muore nel 1997. I suoi film sono caratterizzati da una particolare attenzione alle tematiche sociali e alla condizione della donna.

La trama. Alla stazione di Torino, Francesca, che ha appena commesso un furto assieme al fidanzato Walter, per sfuggire alla polizia sale su un treno carico di mondine dirette nel vercellese. Silvana, una delle mondariso, avvicina Francesca per scoprire quale segreto nasconda. La storia dei personaggi principali si dipana in modo romanzesco intrecciandosi costantemente alle vicende della risaia, che fungono da sottofondo e da contrappunto storico.

Gli interpreti principali. Vittorio Gassman (Walter), Doris Dowling (Francesca), Silvana Mangano (Silvana), Raf Vallone (Marco).

Nota culturale. L'Italia che esce dalla guerra vive la transizione da un'economia prevalentemente agraria a una più tipicamente industriale. Dall'America giunge il piano Marshall per la ricostruzione postbellica e con esso anche una ventata di modernità culturale: i nuovi balli, come il boogie woogie, la gomma da masticare, i vestiti femminili più corti e sensuali, i sogni di ricchezza e il mito del benessere accessibile a tutti. A dettare nuovi modelli di comportamento, soprattutto per le donne dei ceti più popolari, oltre al cinema, sono i romanzi a fumetti o fotoromanzi (precursori delle attuali soap operas).

1. Prima della visione

1. In quali paesi del mondo si coltiva principalmente il riso?
2. Conosci alcune varietà di riso o alcuni modi di cucinarlo?
3. A cosa ti fa pensare il titolo del film? Perché mai il riso è «amaro»?
4. Conosci dei lavori eseguiti tipicamente dalle donne?

Vocabolario preliminare

il «caporale»	(here) foreman and manager of rice weeders
la cascina	farmhouse surrounded by cultivated fields
la «clandestina»	(here) rice weeder without a regular contract
la collana	necklace
il coltello	knife
il contratto	the contract
la «crumira»	(here) the same as "clandestina"
il deposito	warehouse
il fotoromanzo	comic strips which narrate mostly romances
il grammofono	phonograph / record player
la monda	rice weeding
la mondina / la mondariso	rice weeder
la pistola	gun
la «regolare»	(here) rice weeder with a regular contract
la risaia	rice field
allagare	to flood
ingaggiare	to hire

Completa le frasi con la parola o l'espressione giusta.

1. *Sogno* e *Grand Hôtel* sono dei giornali a fumetti pieni di storie sentimentali; sono dei __________.

2. Prima dei lettori di compact disc c'erano i giradischi e prima ancora c'erano i __________.

3. Le donne che pulivano il riso dalle erbacce nelle risaie del vercellese erano chiamate __________.

4. Se una mondina aveva un contratto con la Camera del Lavoro era una __________, ma se non lo aveva era una __________.

5. Gli uomini che controllavano il lavoro delle mondine erano chiamati con il termine militare di __________.

6. Le risaie circondavano una grande casa di campagna detta __________ che includeva alcuni ambienti per conservare il riso chiamati __________.

Collega ognuna delle frasi idiomatiche nella colonna a sinistra con la definizione appropriata nella colonna di destra.

incantare qualcuno	riferire cose su qualcuno per danneggiarlo
servirsi di qualcuno	essere impulsivi, inclini all'ira e all'entusiasmo
avere le carte in regola	lavorare duramente
fare fagotto	lusingare qualcuno per farlo innamorare
fare la corte a qualcuno	essere nella legittimità
fare la spia	illudere, abbindolare una persona
avere la testa calda	approfittare di una persona
sgobbare come bestie	raccogliere le proprie cose e andarsene

2. Durante e dopo la visione

Vero o falso?

1. Il ladro ricercato dalla polizia ha rapinato una banca.	V	F
2. Il ladro ha una complice alla stazione.	V	F
3. La mondina Silvana trova il ladro molto attraente.	V	F
4. Francesca ha un contratto regolare per la monda.	V	F
5. Silvana sottrae la collana a Francesca.	V	F
6. Marco, il sergente, fa la corte a Francesca.	V	F
7. Marco salva Francesca dal linciaggio.	V	F
8. Silvana e Francesca si rappacificano.	V	F
9. Walter, il ladro, arriva in risaia e balla con Silvana.	V	F
10. Le mondine decidono di lavorare nonostante la pioggia.	V	F
11. Walter organizza il furto del riso.	V	F
12. Silvana si rifiuta di aiutare Walter.	V	F
13. Walter ferisce Marco con un coltello.	V	F
14. Francesca difende Marco con una pistola.	V	F
15. Walter uccide Silvana.	V	F

Scelta multipla

1. Le mondine sono lavoratrici __________.
   a. fisse
   b. stagionali
   c. giornaliere

2. Mentre lavorano, le mondine possono comunicare __________.
   a. gridando
   b. parlando
   c. cantando

3. Per farsi assumere, le «clandestine» decidono di lavorare __________.
   a. il doppio
   b. la metà
   c. il triplo

4. Marco, il sergente, aspetta di __________.
   a. fare carriera nell'esercito
   b. andare in congedo
   c. sposare una mondina

5. Marco propone a Silvana di seguirlo in __________.
   a. Lombardia
   b. Nordamerica
   c. Sudamerica

6. Silvana è curiosa di sapere __________.
   a. quanto vale la collana
   b. il motivo del furto della collana
   c. se la collana è vera

7. Walter seduce Silvana perché __________.
   a. si è innamorato di lei
   b. vuole servirsi di lei
   c. non sa come passare il tempo

8. Silvana collabora al furto del riso __________.
   a. allagando le risaie
   b. partecipando alla festa di saluto
   c. distraendo Marco e Francesca

9. Nella scena della macelleria, Walter chiede a Silvana di usare __________.
   a. il coltello
   b. il bastone
   c. la pistola

10. Alla fine del film Silvana muore __________.
    a. annegandosi in risaia
    b. sparandosi con la pistola
    c. gettandosi dalla torre della cascina

Fornisci tu la risposta giusta.

1. Quando partono le mondine e quanto tempo dura la monda?
2. Cosa ama fare Silvana nel tempo libero?

   a.

   b.

3. Cosa indossano le mondine mentre lavorano nella risaia?
4. Quali fatti della vita di Francesca colpiscono Silvana in modo particolare?

   a.

   b.

5. Andreina, la mondina più anziana, si lamenta della pioggia. Cosa succede alla fine della monda per ogni giornata di lavoro persa?
6. Alla fine del film, in che maniera le mondine rendono omaggio a Silvana?

Completa il paragrafo.

Il paragrafo seguente è il prologo tratto dal film. Ascolta attentamente ed inserisci le parole mancanti scegliendole tra quelle elencate in ordine alfabetico.

braccia, cinquecento, faccia, gambe, grano, mani, migliaia, milioni, pianura, piedi, riso, schiena, terra, testa

«Sono alcuni secoli che nell'Italia settentrionale si coltiva il __________. Come in Cina. Come in India. Cresce su un'immensa pianura che copre le province di Pavia, di Novara, di Vercelli. Su questa __________ hanno impresso segni incancellabili milioni e __________ di mani di donne che l'hanno frugata e assestata per quattrocento, __________ anni. È un lavoro duro e immutabile: le __________ nell'acqua, la __________ curva, il sole a picco sulla __________. Eppure soltanto le donne possono compierlo: occorrono __________ delicate e veloci, le stesse mani che pazientemente infilano l'ago e cullano i neonati. Qui parla Radio Torino.»

3. Dopo la visione

Chi dice le frasi seguenti e in quale contesto?

1. «O via tutte, o lavoro per tutte.»
2. «È sempre una questione di faccia.»
3. «Chi s'accapiglia si piglia.»
4. «Queste sono mani da signora, se le curi un po'.»
5. «Tu porti la maschera qualche volta?»
6. «La collana è falsa come lui.»

I personaggi

1. A ognuno dei personaggi principali, Walter, Francesca, Marco e Silvana, associa tre dei seguenti aggettivi dati al maschile in ordine alfabetico:

approfittatore, bugiardo, concreto, equilibrato, generoso, imparziale, impulsivo, leale, materialista, maturo, sognatore, tenebroso

2. Per ognuno, trova almeno un altro aggettivo che consideri appropriato.

Un fotogramma da Internet

Con l'aiuto di un motore di ricerca, trova un'immagine tratta dal film, stampala e preparati a illustrarla ai tuoi compagni utilizzando la scheda 2 in fondo al libro.

La scena

Guarda attentamente la sequenza di cui segue il dialogo e inserisci le parole mancanti.

FRANCESCA: Permesso...

SILVANA: Aspetta un po'... So di te e del tuo amico...

FRANCESCA: Quale __________?

SILVANA: Quello che scappava! Ti ha lasciata nei pasticci, eh? Ma con me puoi parlare, non sono mica della questura. Alla _______ ho visto tutto.

FRANCESCA: Anch'io ho visto te.

SILVANA: Già, ma quel tipo ti ha abbracciata, prima di scappare.

FRANCESCA: __________. A momenti mi faceva ammazzare. Si è servito di me come ha ballato con te. Si vede che, in certi casi, le donne gli fanno comodo.

SILVANA: Chi l'avrebbe mai detto... Sembrava una persona fine... e come __________ bene!

FRANCESCA: Fra i due ballavi meglio tu!

SILVANA: Al mio paese balliamo tutte le sere. E poi, qualunque passo nuovo, basta che io lo veda una volta... Lasciate stare il mio __________. Fammi il piacere, Lisa, guarda che nessuno lo tocchi.

LISA: Va bene, Silvana.

SILVANA: Così, dopo hai deciso di venire con noi?

FRANCESCA: Dopo cosa?

SILVANA: Dopo che lui è scappato.

FRANCESCA: Mah, l'hai letta sul tuo giornaletto questa storia? Ho bisogno di lavorare. Sono __________ da sei mesi.

SILVANA: Certo che ne capitano di tutti i colori. Mica si inventano niente questi __________! Tutta roba vera! Ma, il contratto, ce l'hai?

FRANCESCA: No.

SILVANA: Non ti preoccupare, c'è posto per tutti. Noi siamo ingaggiate dalla Camera del Lavoro ma i padroni tutti gli anni ne prendono in sovrappiù. Le chiamano le «clandestine» e le assumono anche qui, sul __________. Vieni con me. Conosco un caporale che ti metterà in nota. (Rivolta ai caporali.) Salute! Come va il commercio? (Rivolta a Francesca.) Va' a sederti, ci penso io.

Rispondi alle domande basate sul dialogo precedente.

1. Secondo te, perché Silvana comincia a parlare con Francesca?
2. Cosa dice Francesca di Walter?
3. Per quale motivo Silvana sa ballare bene?
4. Che cosa suggerisce il fatto che Silvana abbia in mano un giornale a fumetti?
5. Perché Francesca dice di trovarsi sul treno tra le mondine?
6. Che cosa manca a Francesca per poter lavorare?
7. Secondo te, per quale motivo Silvana si offre di aiutare Francesca?
8. Da questo dialogo, quali differenze di carattere si possono evidenziare tra Francesca e Silvana?
9. Cosa significano le espressioni: «nei pasticci»; «fare comodo»; «di tutti i colori»?
10. Elenca tutti i comandi pronunciati da Silvana: cosa ci aiutano a capire di lei?

Spunti per la discussione orale

1. Descrivi Silvana così come appare nel film la prima volta: cosa indossa, cosa fa, cosa la rende diversa dalle altre mondine?

2. Descrivi Francesca: quali esperienze ha avuto in passato, in che maniera si contrappone a Silvana?

3. Descrivi i due personaggi maschili, Marco e Walter: come si differenzia il loro stile di vita e il modo di relazionarsi con le donne?

4. Commenta l'ultima parte del film: cosa succede nella scena alla macelleria e in quella immediatamente successiva? Ti sarebbe piaciuto vedere una conclusione diversa? Quale?

5. Il rapporto tra le mondine è più di rivalità o di solidarietà? Fai alcuni esempi.

Spunti per la scrittura

1. Analizza il personaggio di Silvana alla luce di tutto il film: quali sono le passioni, i sogni e le aspirazioni che la animano? È sempre sicura di ciò che decide? È responsabile delle proprie scelte o è vittima del destino? Fai alcuni esempi.

2. Fai un paragone tra Francesca e Silvana mettendo a confronto l'aspetto e la personalità. Esiste vera amicizia tra le due? Fai alcuni esempi.

3. Descrivi il rapporto tra Walter e Silvana attraverso i momenti cruciali della loro storia. Analizza in modo particolare la scena della seduzione della ragazza e spiega la sua importanza per lo sviluppo degli eventi.

4. Ci sono alcuni particolari del film che tradiscono un certo influsso del cinema hollywoodiano della stessa epoca. Sai indicarne qualcuno?

5. Nel film vengono sollevati alcuni grandi temi sociali riguardo alle condizioni di lavoro e di sfruttamento delle mondine. Trovane degli esempi.

Spunti per la ricerca

1. La nascita, la diffusione e l'impatto sociale del fotoromanzo in Italia.

2. L'influsso della cultura americana nell'Italia del dopoguerra.

3. Il lavoro femminile nel dopoguerra e le lotte salariali e sindacali delle donne.

Internet

Usando un motore di ricerca, trova informazioni sugli argomenti che seguono e poi presenta alla classe i tuoi risultati.

1. Pavia, Novara e Vercelli: l'economia di queste città oggi.
2. Una ricetta italiana a base di riso.

4. Espansione

Aiutandoti con un buon dizionario, leggi attentamente le frasi seguenti: sono tratte dalla storia a fumetti che si trova nelle due pagine successive, ma sono in ordine sparso. Servendoti delle didascalie della storia, prova quindi ad associare correttamente ogni battuta con il rispettivo fumetto. Per comodità, i fumetti sono numerati da 1 a 9.

Da: *Grand Hôtel.* Milano: Casa Editrice Universo, Anno III, n. 107, 10 luglio 1948.

a. «...vi prego, non chiedo un vero e proprio colloquio con l'arrestato, ma solo di potergli dire alcune parole senza testimoni. Si tratta di cose strettamente personali... »

b. «Sono all'ultimo piano... Non dovrebbe essere difficile trovare la via delle tegole... forse da questa parte. Proviamo.»

c. «Saltata! E la porta è aperta! Buon Dio, com'è stato facile... Ora speriamo di non dar di cozzo in qualche secondino!»

d. «Il mantello... il velo... Riuscirò a convincerlo a indossarli? Io rimarrò nella cella... e di me sarà quel che sarà!»

e. «Maledizione, occorre ripetere tutto! E ora ci vorrà una buona mezz'ora prima che venga fatta saltare un'altra mina!»

f. «È una follia, lo so... Ma si tratta del fidanzato di Cinzia e io devo rimediare alla mia infamia. DEVO salvarlo dalla orribile situazione in cui l'ho messo!»

g. «A dire il vero, principessa, io non so nulla della posizione di quest'uomo. Non so neppure perché sia qui; forse lo sa il direttore. Ad ogni modo se davvero avete bisogno di parlargli, sono ben lieto di autorizzarvelo.»

h. «Tutto dipende dal sincronismo. Se l'azzecco, l'esplosione coprirà il colpo di pistola.»

i. «Uhm, non m'arrischio a scendere: m'imbatterei certamente nei secondini o negli uomini di guardia. Meglio salire e tentare la via del tetto. È la meno guardata... »

Oltre l'oblio
romanzo di ELEONORA MOJ
Punt.ª 11.ª
realizzato da BERTOLETTI
RONALD ATTENDE, PRONTO, LO SGUARDO FUORI DELLA FINESTRELLA E LA PISTOLA PUNTATA CONTRO LA SERRATURA.
1
SI TRATTA INFATTI DI SFRUTTARE LA DIVERSA VELOCITA' DEL SUONO E DELLA LUCE.– LUNGHI MINUTI PASSANO. FINALMENTE SI ACCENDE UN BAGLIORE SUL MARE...
Uno... Due...
...E RONALD SPARA.
ESATTO: L'ESPLOSIONE COPRE IN PIENO LA DETONAZIONE DELL'ARMA.' PURTROPPO PERO' IL COLPO DI PISTOLA NON HA FATTO SALTARE LA SERRATURA: L'HA SOLTANTO DANNEGGIATA.
2
MA LA PAZIENZA E' LA VIRTU' DEI FORTI E RONALD NON E' CERTO UN DEBOLE.– VENTI MINUTI DOPO E' ANCORA LI', IN ATTESA, L'ARMA PUNTATA CONTRO LA SERRATURA E LO SGUARDO ALLA FINESTRELLA.– E INFINE UN ALTRO BAGLIORE SUL MARE...
Uno... Due...

TREMA L'EDIFICIO PER LA VIOLENZA DEL LONTANO SCOPPIO, IL QUALE COPRE NUOVAMENTE LA DETONAZIONE. E STAVOLTA IL SUCCESSO E' COMPLETO!
3
RISOLUTAMENTE ESCE NEL CORRIDOIO, CHE APPARE DESERTO...
4
... E SILENZIOSAMENTE SALE LE SCALE DEL SINISTRO EDIFICIO.– INTERMITTENTI RUMORI DI PASSI E DI VOCI LO COSTRINGONO, DI QUANDO IN QUANDO, A INDIETREGGIARE E A NASCONDERSI.
5
DOROTEA, INTANTO, AL TERMINE DELLA SUA FOLLE CORSA IN AUTO, GIUNGE ALLE CARCERI.– E' NOTTE, IL DIRETTORE NON C'E', C'E' SOLO IL SOSTITUTO DI TURNO.– ELLA GLI SI PRESENTA E GLI PARLA.
6
7
POCO DOPO DOROTEA, RIABBASSANDOSI IL VELO SUL VISO, SI AVVIA COL SOLITO SECONDINO VERSO LA CELLA DI RONALD.– ELLA E' IN UNO STATO DI AGITAZIONE INDESCRIVIBILE: CIO' CHE HA IN ANIMO DI FARE E' ASSOLUTAMENTE PAZZESCO!
8
GIA': NELLE SUE INTENZIONI RONALD DOVREBBE INDOSSARE I SUOI ABITI E ANDARSENE LASCIANDO LEI NELLA CELLA! POVERA DOROTEA, HA VISTO QUALCOSA DI SIMILE AL CINEMATOGRAFO E CREDE DI POTERLO TRADURRE FACILMENTE IN REALTA'.
9

Domande di comprensione e interpretazione

1. Qual è il tema principale della storia appena presentata?
2. A quale classe sociale appartiene la protagonista femminile?
3. Come puoi descrivere la sua personalità e il suo aspetto fisico?
4. Quali caratteristiche contraddistinguono il protagonista maschile?
5. Potresti definire con qualche aggettivo il tipo di linguaggio usato nella storia?
6. Cosa ne pensi di questa storia? Ti pare verosimile? Perché sì, perché no?
7. Per quale motivo credi che Silvana, il personaggio principale di *Riso amaro,* legga una storia di questo tipo?
8. Quali sono, oppure erano, le tue storie a fumetti preferite? Cosa ti piace o ti piaceva di quelle storie?

Osserva e descrivi la locandina originale del film utilizzando la scheda 1 in fondo al libro.

4

I vitelloni

(*The Young and the Passionate*)

di FEDERICO FELLINI (1953)

Il regista. Federico Fellini nasce nel 1920 a Rimini, dove trascorre l'adolescenza e comincia a farsi conoscere come caricaturista. Trasferitosi a Roma nel 1939, lavora come disegnatore di vignette, giornalista e scrittore di copioni per la radio e per il cinema. Dopo aver collaborato alle sceneggiature di film di Germi, Rossellini e Lattuada, Fellini co-dirige con quest'ultimo *Luci del varietà* (1951). L'anno successivo, esordisce da solo con *Lo sceicco bianco* (1952), a cui seguono *I vitelloni* (1953) e *La strada* (1954), con cui vince il primo dei suoi cinque premi Oscar. Il secondo se lo aggiudica con *Le notti di Cabiria* (1957), il terzo con *8 1/2* (1963) e il quarto con *Amarcord* (1973). Tra gli altri suoi film, il più famoso è probabilmente *La dolce vita* (1959), con Marcello Mastroianni come protagonista. Nel 1993 Fellini riceve l'Oscar alla carriera, ma muore a Roma il 31 ottobre dello stesso anno.

La trama. Il film racconta le vicende di un gruppo di giovani sfaccendati in una cittadina italiana e ne tratteggia ironicamente i sogni e la realtà quotidiana. Presto uno di loro si vedrà costretto al matrimonio e comincerà a lavorare, ma non perderà molte delle sue abitudini da scapolo. Tra avventure amorose, desideri di fuga e velleità artistiche, allo spettatore viene presentato un divertente spaccato di vita di provincia negli anni Cinquanta.

Gli interpreti principali. Franco Interlenghi (Moraldo), Alberto Sordi (Alberto), Franco Fabrizi (Fausto), Leopoldo Trieste (Leopoldo), Riccardo Fellini (Riccardo).

Nota culturale. Alla voce «vitellone», nel vocabolario della lingua italiana Zingarelli si legge quanto segue: 1) Accrescitivo di vitello 2) Bovino adulto di età compresa tra i 12 e i 18 mesi, ingrassato per il macello 3) (fig.) Giovane di provincia che trascorre il tempo oziando o in modo vacuo e frivolo (dal titolo del film di F. Fellini *I vitelloni,* 1953).

Attività con il dizionario italiano/inglese, inglese/italiano

Prova a tradurre in inglese la terza accezione di «vitellone» con una parola o un'espressione adeguata. Confronta i risultati con i tuoi compagni, poi prepara alcuni esempi di comportamento da «vitellone».

1. Prima della visione

1. Sei nato e cresciuto in una grande città, in una cittadina o in un paese? Hai traslocato spesso o sei stato sempre nello stesso luogo?
2. Dove abiti? Vivi da solo/a?
3. Hai mai pensato di vivere in un luogo diverso? Quale? Perché?
4. Descrivi la vita tipica di un uomo di circa trent'anni nella tua cultura. Come e dove abita? È indipendente finanziariamente? Vive vicino alla famiglia d'origine?
5. Nel tuo paese / nella tua cultura esiste il concetto del matrimonio «riparatore»? Esisteva nel passato?

Vocabolario preliminare

l'appuntamento	date
la balia	nanny
le basette	sideburns
il cafone	boor
il carnevale	carnival
il concorso di bellezza	beauty pageant
il disgraziato	scoundrel
il galantuomo	honest man
il lavoratore	worker
il mascalzone	rascal
il pizzo	goatee
la provincia	province
il veglione	party / dance
ammazzare di botte	to beat senseless
concorrere	to compete
darsi al cinema	to get into the movie business
essere nei panni di qualcuno	to be in someone else's shoes
fare la morale	to reproach / to preach
farsi una posizione	to make a career / a place for oneself

Completa le frasi con la parola o l'espressione giusta.

1. Domani sera Fausto ha un _________ con una bellissima ragazza.

2. Tuo padre ha lavorato onestamente tutta la vita, è proprio un _________.

3. Detesto le grandi città, preferisco vivere in _________.

4. Per la festa di Carnevale andremo a un _________ con gli amici.

5. Grazie al suo fascino, Sandrina ha vinto _________.

Collega ognuna delle frasi idiomatiche nella colonna di sinistra con la definizione appropriata nella colonna di destra.

1. Farsi una posizione	a. capire la situazione, le decisioni di qualcuno
2. Mettersi nei panni di un altro	b. iniziare una carriera nel mondo dello spettacolo
3. Darsi al cinema	c. picchiare selvaggiamente
4. Ammazzare di botte	d. sistemarsi economicamente
5. Fare la morale	e. rimproverare

2. Durante e dopo la visione

Vero o falso?

1. La storia inizia nella primavera del 1953. V F
2. Fausto si rivolge al padre usando il «tu». V F
3. Riccardo al matrimonio canta l'*Ave Maria* di Schubert. V F
4. Fausto e Sandra vanno in viaggio di nozze a Roma. V F
5. Alberto vive con la madre e la sorella. V F
6. La sorella di Alberto ha una relazione con un uomo sposato. V F
7. Fausto è entusiasta del nuovo lavoro al negozio. V F
8. Dopo le nozze, Fausto e Sandra vanno a abitare in campagna. V F
9. Al ballo in maschera Alberto è travestito da donna. V F
10. La moglie del signor Michele si innamora di Fausto. V F
11. Alberto e Leopoldo rubano la statua di un angelo. V F
12. Il commendator Natali è un attore. V F

Scelta multipla

1. Il concorso si intitola __________.
   a. *Miss Sirena*
   b. *Miss Mare*
   c. *Miss Spiaggia*

2. Al microfono dopo l'elezione Sandra dice: __________.
   a. «Io... »
   b. «Grazie»
   c. «Sono emozionata»

3. Il padre di Fausto si chiama __________.
   a. Giovanni
   b. Luigi
   c. Francesco

4. Tornato dal viaggio di nozze, Fausto porta __________.
   a. un grammofono
   b. delle fotografie
   c. una statua

5. Al cinema con Sandra, Fausto incontra __________.
   a. un amico
   b. i genitori
   c. una signora

6. Alla festa di Carnevale Sandra ordina __________.
   a. un panino
   b. una birra
   c. un amaro

7. Al veglione Riccardo vuole far vedere alla ragazza __________.
   a. che sa cantare
   b. un nuovo ballo
   c. le soffitte del teatro

8. Alla fine della festa Alberto balla con __________.
   a. il testone di un pupazzo
   b. Moraldo
   c. un amico

9. Giulia e il signor Michele sono sposati da __________.
   a. dieci anni
   b. quindici anni
   c. venti anni

10. Fausto racconta a _________ che è stato licenziato.
    a. Moraldo
    b. Sandra
    c. suo suocero

Fornisci tu la risposta giusta.

1. Perché Sandra sviene subito dopo essere stata eletta miss?

2. Cosa racconta Fausto al padre appena rientrato dalla festa?

3. Perché la madre di Alberto piange quando lui ritorna dal veglione di Carnevale?

4. Quali sono le mansioni di Fausto al negozio?

5. Chi è Giudizio?

6. A chi assomiglia Moraldino?

7. Chi incontra Fausto cercando Sandrina alla spiaggia?

8. Dove si è rifugiata Sandra dopo essere scappata di casa col bambino?

9. Chi saluta Moraldo alla stazione?

3. Dopo la visione

Prepara uno o due paragrafi per ciascun «vitellone», descrivine i tratti fisici, la personalità e racconta brevemente l'episodio che, secondo te, rappresenta meglio il carattere del personaggio, poi confronta il tuo lavoro con quello dei compagni. Per ognuno usa anche almeno cinque aggettivi scelti fra i seguenti:

giusto – ingiusto – sereno – malinconico – comprensivo – egoista – altruista – tenero – aggressivo – divertente – triste – allegro – pigro – depresso – naïf – motivato – povero – ricco – fanatico – intelligente – timido – irrazionale – ragionevole – tranquillo – disponibile – viziato – generoso – avaro – carino – spassoso – soddisfatto – insoddisfatto – forte – debole – affidabile – inaffidabile – inesperto – disciplinato – indisciplinato – impulsivo – riflessivo – chiuso – aperto – illuso – pragmatico – socievole – scontroso

Alberto
tratti fisici:
personalità:
episodio rappresentativo:

Moraldo
tratti fisici:
personalità:
episodio rappresentativo:

Riccardino
tratti fisici:
personalità:
episodio rappresentativo:

Fausto
tratti fisici:
personalità:
episodio rappresentativo:

Leopoldo
tratti fisici:
personalità:
episodio rappresentativo:

Quale personaggio trovi più simpatico? Quale meno? Quale più comico? Conosci dei personaggi simili nella realtà? Parlane con i tuoi compagni.

La frase. Chi pronuncia le seguenti frasi e in quale momento del film?

1. «Voglio morire.»

2. «Te la sposi.»

3. «Fausto è un mascalzone.»

4. «Se fai piangere mamma... »

5. «La luna è bella come te.»

6. «Mi dia un appuntamento.»

7. «Ha dato fastidio alla moglie del mio amico.»

8. «Chi non ama l'arte, non ama la vita.»

9. «Se non torna, m'ammazzo.»

Un fotogramma da Internet

Con l'aiuto di un motore di ricerca, trova un'immagine tratta dal film, stampala e preparati a illustrarla ai tuoi compagni utilizzando la scheda 2 in fondo al libro.

La scena

Riguarda la scena in cui Alberto, Leopoldo e Riccardino rientrano in macchina dopo aver cercato Sandrina dalla balia in campagna e rispondi alle domande che seguono.

1. Come sono vestiti i protagonisti? C'è qualche elemento strano nel loro abbigliamento?
2. Cosa fa Alberto? Che cosa significa il gesto?
3. Come reagiscono gli operai?
4. Perché la scena è particolarmente comica?
5. Cosa dice Leopoldo appena è preso dagli operai?

Confronta i diversi sistemi di valori.

Come giudichi tu e come giudicano i personaggi, le situazioni che seguono? Giudizi suggeriti:

Secondo me,	è normalissimo
Secondo Fausto,	è una vergogna
Secondo Alberto,	è accettabile
Secondo Moraldo,	è inammissibile
...	è immorale
	è giusto
	è comprensibile
	...

1. Mettere incinta una ragazza e non volerla sposare.
2. Farsi mantenere dai genitori a trent'anni.
3. Farsi mantenere dai suoceri a trent'anni.
4. Tradire la moglie.

5. Fare la corte a una donna sposata.

6. Avere una relazione con un uomo separato.

7. Licenziare un dipendente senza preavviso.

8. Derubare il proprio datore di lavoro.

Adesso reciti tu!

1. Con l'aiuto di uno o più studenti, scegli una scena del film e preparati a recitarla davanti al resto della classe: sono sufficienti poche battute e un po' di mimica! Gli altri studenti devono indovinare quali personaggi e quali situazioni sono stati rappresentati.
2. Insieme ad un compagno / una compagna, prepara uno dei seguenti dialoghi tra personaggi e presentalo alla classe:
   a. La sorella di Alberto gli telefona e cerca di fargli capire la sua decisione.
   b. La signora Giulia racconta al signor Michele le molestie di Fausto.
   c. Sandrina parla alla madre dei tradimenti del marito.
   d. I carabinieri interrogano Fausto per il furto della statua.

Spunti per la discussione orale

1. Quali possono essere, secondo te, gli svantaggi di chi vive in provincia? Elencane almeno cinque e discutine coi compagni. Quali sono invece i vantaggi?

2. Fino a quale età ti sembra legittimo vivere in casa con i genitori? Perché? Quali sono i problemi della vita in famiglia? Confronta le tue idee con i compagni.

3. La festa di Carnevale. Come si travestono i protagonisti? Secondo te, esistono relazioni tra i costumi scelti dai protagonisti e le loro personalità? Quali?

4. Perché, secondo te, la famiglia di Sandra non ha molti rapporti con quella di Fausto?

5. Quali sono per te i momenti di particolare tenerezza nel film? Raccontali e spiega perché ti hanno colpito.

6. Quali «vitelloni» potrebbero diventare buoni mariti secondo te? Perché?

7. Quali aspetti della vita italiana raccontati in questo film ti sembra che siano tipici degli anni '50? Perché?

Spunti per la scrittura

1. Riassumi la trama della commedia di Leopoldo.
2. Prepara la lettera che Moraldo scrive alla sorella raccontando dove si trova e cosa fa.
3. Sandra risponde alla lettera del fratello e descrive le novità della sua vita con Fausto e con il bambino.
4. Leopoldo si decide a cercare lavoro seriamente e prepara una domanda di assunzione presso la redazione di un giornale, scrivila tu.
5. Fausto decide di scrivere la sua autobiografia. Prepara tu il primo capitolo in cui racconti in prima persona le sue avventure amorose.

Spunti per la ricerca

1. Ennio Flaiano. Presenta una bio-bibliografia dello scrittore e sceneggiatore. Quali sono stati i suoi libri più importanti? A quali film ha collaborato?
2. *I vitelloni* e la critica. Come è stato accolto il film? Quali sono state in particolare le reazioni della critica di sinistra?
3. Cinecittà: la Hollywood italiana. Trova informazioni sulla sua storia e sui film più famosi che vi sono stati realizzati.

Internet

Usando un motore di ricerca, trova informazioni sugli argomenti che seguono e poi presenta alla classe i tuoi risultati.

1. Il Carnevale di Venezia
2. Il Carnevale di Viareggio
3. Rimini, capitale vacanziera della Romagna

4. Espansione

Leggi attentamente il brano che segue, tratto da un libro di Fellini, e svolgi le attività proposte.

Da: Fellini, Federico. *Fare un film.* Torino: Einaudi, 1980.

Sono partito da Rimini nel '37. Ci sono tornato nel '46. Sono arrivato in un mare di mozziconi di case. Non c'era più niente. Veniva fuori dalle macerie soltanto il dialetto, la cadenza di sempre, un richiamo: «Duilio, Severino!» quei nomi strani, curiosi. Molte case che avevo abitato non c'erano più. La gente parlava del fronte, delle grotte di San Marino in cui si erano rifugiati e io provavo una sensazione un po' vergognosa di essere stato fuori dal disastro.

Poi, facemmo il giro per vedere cos'era rimasto. C'era ancora la piazzetta medievale della «pugna», intatta: in quel mare di macerie, pareva una costruzione di Cinecittà fatta dall'architetto Filippone.

Mi colpì l'operosità della gente, annidata nelle baracche di legno: e che parlassero già di pensioni da costruire, di alberghi, alberghi, alberghi: questa voglia di tirar su le case.

A piazza Giulio Cesare i nazisti avevano impiccato tre riminesi. Adesso c'erano dei fiori per terra.

Ricordo che ebbi una reazione infantile. Quello spettacolo mi pareva un oltraggio sproporzionato. Ma come, non c'è più il Politeama, non c'è più quell'albero, la casa, il quartiere, il caffè, la scuola! Mi pareva che avesse dovuto frenarli il rispetto per certe cose. Sta bene, è la guerra: ma perché distruggere proprio tutto?

Poi mi portarono a vedere un grande plastico, in una vetrina. Pareva che gli americani avessero promesso di ricostruire tutto a proprie spese, come un atto di riparazione. Il plastico, infatti, prefigurava la Rimini futura. I riminesi guardavano. Poi dicevano: «Sembra una città americana. Ma chi la vuole la città americana?»

Forse Rimini io l'avevo già cancellata per mio conto, in precedenza. La guerra aveva compiuto anche l'atto materiale. Allora mi pareva, poiché la situazione s'era fatta irreversibile, che tutto, invece, dovesse restare.

Intanto, però, Rimini, io l'avevo ritrovata a Roma. Rimini, a Roma, è Ostia.

Prima di quella sera, Ostia non l'avevo mai cercata. Ne avevo sentito parlare come della spiaggia «decisa dal duce», «Roma adesso ha il suo mare», ciò che me la rendeva antipatica. Tra l'altro, stando a Roma, non sapevo nemmeno da che parte fosse il mare.

Una sera, c'era già l'oscuramento, gli autobus passavano silenziosi, schermati di luce azzurra; la penombra rendeva ancor più la città quel paesone che è, remota e solitaria. Noi stavamo festeggiando qualcosa in una pizzeria, coi colleghi, con Ruggero Maccari. Avevamo bevuto; pareva che il ristorante dovesse rovesciarsi. Nel mezzo di quell'allegria ubriaca Ruggero disse: «Venite con me. Prendiamo un tramvetto.»

Sceso dal tram, dopo il viaggio notturno, sentii all'improvviso un'aria più fresca. Eravamo a Ostia. I viali deserti, gli alberoni che si muovevano a causa del vento: ho visto, di là da una balaustra di cemento, come a Rimini, che c'era il mare. Un mare nero: che mi fece venire la nostalgia di Rimini; e che c'era ancora una scoperta gioiosa, segreta, come pensare: vicino a Roma c'è un posto che è Rimini.

Questa di Ostia è, infatti, una passeggiata sulla quale dirigo spesso la macchina, anche inconsapevolmente. A Ostia ho girato *I vitelloni* perché è una Rimini inventata: è più Rimini della vera Rimini. Il luogo ripropone Rimini in maniera teatrale, scenografica, e, pertanto, innocua. È il mio paese, quasi pulito, nettato dagli umori viscerali, senza aggressioni e sorprese. Insomma è la ricostruzione scenografica del paese della memoria, nella quale puoi penetrare, come dire?, da turista, senza restare invischiato.

Domande di comprensione

1. A cosa ti fa pensare l'espressione «un mare di mozziconi di case» nel primo paragrafo? Che cosa sta descrivendo Fellini?
2. In cosa consiste la «reazione infantile» di cui si parla?
3. Perché, secondo te, gli americani vogliono ricostruire Rimini?
4. Come viene definita Ostia nel testo?
5. Secondo te, cosa vuol dire Fellini quando parla di Roma come di un «paesone»?
6. Riassumi la prima visita di Fellini a Ostia. Quando ci è andato? Con chi?
7. Cosa suscita in Fellini la nostalgia di Rimini a Ostia?
8. Perché Fellini ha girato *I vitelloni* proprio a Ostia?
9. Cosa significa, secondo te, l'ultimo paragrafo?
10. Dopo aver letto questo brano e aver visto il film, come potresti riassumere l'atteggiamento di Fellini nei confronti di Rimini?
11. Immagina di tornare nella tua città fra cinquant'anni. Quali sono le cose che speri di ritrovare? Quali sono invece quelle che vorresti fossero sparite?

Attività

1. Utilizzando Internet o le risorse della tua biblioteca trova alcune immagini della Rimini odierna e confrontala con la Rimini inventata di cui parla Fellini, quella dei «vitelloni».
2. Rimini e Ostia. Paragona le due località balneari utilizzando tutto il materiale fotografico, le cartine geografiche e le informazioni scritte che puoi reperire.

Osserva e descrivi la locandina originale del film utilizzando la scheda 1 in fondo al libro.

5

I soliti ignoti

(*Big Deal on Madonna Street*)

di MARIO MONICELLI (1958)

Il regista. Nato a Viareggio nel 1915, Mario Monicelli si laurea in storia e filosofia all'Università di Pisa e comincia a lavorare come regista nel 1934 realizzando un cortometraggio tratto da un racconto di Edgar Allan Poe. È considerato uno degli esponenti più importanti della cosiddetta «commedia all'italiana» ed è autore di uno sterminato numero di film. Tra quelli che hanno avuto maggiore successo, si ricordano almeno *La grande guerra* (1959), *L'armata Brancaleone* (1965), *La ragazza con la pistola* (1968), candidato all'Oscar come miglior film straniero, *Amici miei* (1975), *Un borghese piccolo piccolo* (1977) e *Speriamo che sia femmina* (1986).

La trama. Un gruppo di ladruncoli ha finalmente l'occasione di fare il grande colpo, quello che potrebbe cambiare definitivamente la loro vita di piccoli malfattori di borgata: si tratta di svaligiare la cassaforte del monte dei pegni dopo essere passati da un appartamento contiguo ed aver abbattuto un muro. Il piano è preparato con tutta l'attenzione di cui gli inesperti criminali sono capaci, ma le cose si complicano presto e il bottino sarà tutt'altro che cospicuo.

Gli interpreti principali. Totò (Dante Cruciani), Vittorio Gassman (Peppe), Marcello Mastroianni (Tiberio), Renato Salvatori (Mario), Carla Gravina (Nicoletta), Claudia Cardinale (Carmelina), Tiberio Murgia (Michele Ferribotte).

Nota culturale. Come per le società segrete e gli ambiti professionali specialistici, anche nel mondo del crimine esiste un linguaggio specifico, settoriale. È una lingua usata soltanto dai membri di un certo gruppo che, volutamente, impiega espressioni a volte misteriose e incomprensibili per coloro che non fanno parte dell'ambiente. Ovviamente, anche i piccoli criminali protagonisti di questo film usano un gergo specialistico, soprattutto per riferirsi alle loro attività e agli strumenti del mestiere. Alcuni esempi del loro gergo malavitoso sono i termini «comare», «pecora», «ballerina» e «cicogna».

1. Prima della visione

1. Cosa vuol dire, secondo te, il titolo del film?
2. Quali sono le caratteristiche dello scassinatore, così come vengono abitualmente ritratte dal cinema? Quali doti particolari deve avere?
3. Quali film conosci che parlano di un grosso furto? Chi sono i protagonisti? Puoi riassumerne la trama in breve?

Vocabolario preliminare

l'amnistia	amnesty, pardon
il bottino	loot / spoils
la carrozzina	pram, baby carriage
la cassaforte	safe
il colpo	robbery / heist
la condizionale	probation
l'incensurato	someone with a clean record
il monte dei pegni	pawn shop
il muro, la parete	wall
il reo confesso	self-confessed criminal
lo scassinatore	bankrobber
lo scasso	bankrobbery
lo scippo	purse-snatching
fare il palo	to be on the lookout

Completa le frasi con la parola o l'espressione giusta.

1. Grazie a una __________ molti piccoli criminali sono usciti di prigione.

2. Il denaro, i gioielli e gli altri oggetti preziosi sono stati messi in __________.

3. Chi si assume la responsabilità di un crimine commesso è un __________.

4. Non ha mai avuto problemi con la giustizia, è un __________.

5. Ha avuto una condanna a tre mesi con __________ e quindi è uscito subito di prigione.

Collega le parole nella colonna di sinistra con la definizione appropriata nella colonna di destra.

il colpo	la persona che sta di guardia mentre si commette un reato
lo scassinatore	impresa rapida e audace a fini non leciti / furto o rapina
lo scippo	la persona che forza una serratura
il palo	furto commesso strappando qualcosa di mano o di dosso

2. Durante e dopo la visione

Vero o falso?

1. Capannelle va in prigione per aver tentato il furto di un'automobile. V F
2. Mario accetta di «fare la pecora». V F
3. Ferribotte è siciliano. V F
4. Peppe vince il suo incontro di pugilato. V F
5. La sorella di Michele si chiama Carmelina. V F
6. Mario ha tre mamme. V F
7. Dante Cruciani richiede 50.000 Lire anticipate per il proprio lavoro. V F
8. Dante partecipa allo scasso. V F
9. I ladri entrano nell'appartamento usando le chiavi. V F
10. Alla fine Peppe va a lavorare in un cantiere. V F

Scelta multipla

1. L'equivalente di «fare la pecora» è fare __________.
   a. il sostituto
   b. lo scassinatore
   c. il testimone

2. Tiberio si prende cura del bambino perché la moglie è __________.
   a. all'ospedale
   b. in carcere
   c. morta

3. La condanna di Peppe è in realtà di __________ con la condizionale.
   a. tre mesi
   b. un anno
   c. tre anni

4. La «comare» è __________.
   a. la cassaforte
   b. la polizia
   c. il monte dei pegni

5. Mario dice alla sorella di Michele: __________.
   a. «Vuoi uscire con me?»
   b. «Cosa fai stasera?»
   c. «Ma sei carina!»

6. Al fidanzato della sorella Michele dice di essere __________.
   a. rappresentante di agrumi
   b. fotografo
   c. barista

7. Nicoletta, la servetta, dice a Peppe che il padre è __________.
   a. un tenente
   b. un capitano
   c. un colonnello

8. Cosimo muore __________.
   a. in una rissa
   b. sotto un tram
   c. in un'esplosione

9. Il giorno del colpo Tiberio porta il bambino __________.
   a. dalla nonna
   b. in carcere
   c. a casa di un'amica

10. Nell'appartamento Capannelle ruba __________.
   a. una sveglia
   b. un orologio
   c. un quadro

Fornisci tu la risposta giusta.

1. Grazie a quale informazione Cosimo architetta il colpo?

2. Perché Peppe riesce a farsi rivelare il progetto da Cosimo?

3. In che cosa consiste l'attività denominata «il braccio e la mente»?

4. In che modo Mario si fa aprire la porta dalla sorella di Michele?

5. Perché Cosimo esce di galera?

6. Come decide di vendicarsi dei suoi ex-soci?

7. Perché Michele vuole accoltellare Mario?

8. Per quale motivo il portiere entra nell'appartamento in piena notte?

9. Perché il colpo non ha successo?

3. Dopo la visione

Mario, Michele, Capannelle, Cosimo, Tiberio, Peppe e Dante entrano in scena in momenti diversi. Disponi i personaggi secondo l'ordine di apparizione e riassumi che cosa sta succedendo quando vengono presentati allo spettatore.

1.

2.

3.

4.

5.

6.

7.

La frase. Chi pronuncia le seguenti frasi e in quale momento del film?

1. «Al massimo ti posso far dare il minimo.»

2. «Ti feci male?»

3. «La conosci questa?»

4. «Pare che dorma.»

5. «Quando avviene uno scasso il sottoscritto non è mai in loco.»

6. «Di madre ce n'è una sola.»

7. «Meno ci vediamo e meglio è.»

Rubare è un mestiere serio.

1. Descrivi i tre sfortunati tentativi di furto di Cosimo.

   a.

   b.

   c.

2. Descrivi in che cosa consiste il metodo «Fu Cimin» e perché si chiama così.

   a.

   b.

3. Gli strumenti del mestiere. La sera prima del colpo Dante consegna ai rapinatori una valigia contenente i «ferri» del mestiere. Fai un elenco degli strumenti e poi controlla su un dizionario se i nomi sono usati comunemente oppure no.

   a.

   b.

   c.

d.

e.

f.

4. Mentre stanno per sfondare il muro, Tiberio e Capannelle raccontano cosa vogliono fare con i soldi della refurtiva. Riassumi i loro sogni.

a.

b.

Un fotogramma da Internet

Con l'aiuto di un motore di ricerca, trova un'immagine tratta dal film, stampala e preparati a illustrarla ai tuoi compagni utilizzando la scheda 2 in fondo al libro.

La scena

A lezione di scasso da Dante Cruciani. Riassumi gli insegnamenti di Dante sui metodi per aprire una cassaforte e i vantaggi e gli inconvenienti di ciascuna tecnica.

1.

2.

3.

La lezione viene interrotta da una visita.

1. Chi arriva? Perché?
2. Che cosa fingono di fare i protagonisti?

Adesso reciti tu!

1. Con l'aiuto di uno o più studenti, scegli una scena del film e insieme a loro preparati a recitarla davanti al resto della classe: sono sufficienti

poche battute e un po' di mimica! Gli altri studenti devono indovinare quali personaggi e quali situazioni sono stati rappresentati.

2. Insieme ad un compagno / una compagna, immagina di essere al posto dei protagonisti. Prepara uno dei seguenti dialoghi e presentalo alla classe:
   a. Mario e Carmelina discutono se fidanzarsi o meno.
   b. Michele litiga con Carmelina perché lei vuole fidanzarsi con Mario.
   c. Dante viene arrestato e interrogato sulle sue recenti attività.

Spunti per la discussione orale

1. A quale strato sociale appartengono i protagonisti? Da quali elementi lo capisci? Fai una lista e confrontala con quella dei tuoi compagni.

2. Michele rappresenta lo stereotipo del siciliano. Quali sono i tratti che lo caratterizzano?

3. I personaggi di Nicoletta e Carmelina hanno funzioni molto diverse nel film. Quali?

4. «Rubare è un mestiere impegnativo, ci vuole gente seria... voi al massimo potete andare a lavorare.» Insieme a un compagno / una compagna, spiega e commenta questa frase di Tiberio.

Spunti per la scrittura

1. Dal carcere Cosimo scrive una lettera alla ragazza e le racconta dei suoi progetti per quando sarà rimesso in libertà. Preparala tu.

2. Dante e Peppe preparano un discorso da fare al funerale di Cosimo. Scrivilo tu.

3. Prima di lasciare la casa dove è a servizio, Nicoletta scrive una lettera alle padrone in cui si lamenta del trattamento ricevuto. Preparala tu.

4. «Col sistema del buco rubano pasta e ceci» è il titolo del breve articolo di giornale che costituisce l'ultima inquadratura del film. Scrivine il testo.

Internet

Usando un motore di ricerca, trova informazioni sugli argomenti che seguono e poi presenta alla classe i tuoi risultati.

1. Totò: uno degli attori comici più famosi e popolari del dopoguerra.
2. Le sceneggiature di Age e Scarpelli: elencale e riassumi la trama di almeno due di esse.

4. Espansione

Leggi questo ritratto di Totò scritto da Federico Fellini e poi svolgi le attività che seguono.

Da: Fellini, Federico. *Fare un film.* Torino: Einaudi, 1980.

Era domenica pomeriggio, c'era quella gran folla degli spettacoli domenicali, doveva essere l'intervallo, o forse no, non era ancora cominciato lo spettacolo, perché Totò stava vicino alla cassa, protetto da transenne per tenere lontana la gente che aspettava di entrare. Era appoggiato al marmo, la testa un po' reclinata, come un mobile o un amorino, come se facesse parte dell'arredamento, il colletto alto, i capelli impomatati, tutto tirato a lustro fumava con un'aria da gran signore, assorto e distaccato. Andarono a dirgli che ero un giornalista. Totò mi guardò e mi fece segno con la mano di raggiungerlo.

Gli dissi che volevo fargli un'intervista. Con un lieve abbassar delle ciglia mi fece capire che acconsentiva, e poi disse subito con tono calmo e definitivo: «Allora scrivete questo: che a me piace la donna e il denaro. Avete capito?» Non disse proprio donna, ma pronunciò un vocabolo napoletano che non avevo mai sentito, tenero e osceno, infantile e cabalistico, un suono di sillabe che dava benissimo l'idea di una cosa dolce, molle, umida. Mi vide perplesso: «Perché, a voi non piace?» Mi guardava sospettoso e divertito. «Avete visto lo spettacolo?» concluse con l'aria di uno zio buono che ha deciso di farti un regalo, e mi fece entrare. Scrissi l'intervista, naturalmente senza riportare quel pochissimo che mi aveva detto, inventai tutto e feci anche un piccolo disegno. Quando il giornale uscì, andai subito a portarglielo, questa volta era al Brancaccio, o forse al Principe, chissà che rivista c'era, c'era un motivo che faceva così: «A me piacciono le bionde con le ciglia volte in su.» O qualcosa del genere. Gli mostrai il giornale col mio disegnino e l'intervista. Mi guardava stupito: «Ma davvero l'avete fatto voi?» Sembrava non crederci.... Il sentimento di meraviglia che Totò comunicava era quello che da bambini si prova davanti a un evento fatato, alle incarnazioni eccezionali, agli animali fantastici; la giraffa, il pellicano, il bradipo; e c'era anche la gioia e la gratitudine di vedere l'incredibile, il prodigio, la favola, materializzati, reali, viventi, davanti a te. Quella faccia improbabile, una testa di creta caduta in terra dal trespolo e rimessa insieme frettolosamente prima che lo scultore rientri e se ne accorga; quel corpo disossato, di caucciù, da robot, da marziano, da incubo gioioso, da creatura di un'altra dimensione, quella voce fonda, lontana, disperata: tutto ciò rappresentava qualcosa di così inatteso, inaudito, imprevedibile, diverso, da contagiare repentinamente, oltre che un ammutolito stupore, una smemorante ribellione, un sentimento di libertà totale contro gli schemi, le regole, i tabù, contro tutto ciò che è legittimo, codificato dalla logica, lecito.

Come tutti i grandi clowns, Totò incarnava una contestazione totale, e la scoperta più commovente e anche confortante era riconoscere immediatamente in lui, dilatati al massimo, esemplificati in quell'aspetto di personaggio di *Alice nel paese delle meraviglie,* la storia e i caratteri degli italiani: la nostra fame, la nostra miseria, l'ignoranza, il qualunquismo piccolo borghese, la rassegnazione, la sfiducia, la viltà di Pulcinella. Totò materializza con lunare esilarante eleganza l'eterna dialettica dell'abiezione e della sua negazione.

Si è sempre detto, e ancora si sente dire che Totò al cinema è stato usato male, non gli sono state offerte che raramente le occasioni degne del suo eccezionale talento. Non credo che Totò avrebbe potuto essere meglio, più bravo, diverso da com'era nei film che ha fatto. Totò non poteva fare che Totò, come Pulcinella, che non poteva essere che Pulcinella, cosa altro potevi fargli fare? Il risultato di secoli di fame, di miseria, di malattie, il risultato perfetto di una lunghissima sedimentazione, una sorta di straordinaria secrezione diamantifera, una splendida stalattite, questo era Totò. Il punto d'arrivo di qualcosa che si perdeva nel tempo e che finiva in qualche modo con l'essere fuori del tempo. Intervenire su un simile prodigioso risultato, modificarlo, costringerlo a qualcosa di diverso, dargli una diversa identità, una diversa credibilità, attribuirgli una psicologia, dei sentimenti, inserirlo in una storia, sarebbe stato, oltre che insensato, deleterio, sacrilego. Miopia della critica? Ma è un po' tutta la nostra educazione, come dire? occidentale che ci spinge a non accettare le cose come sono, a proiettarci in una prospettiva diversa, a sovrapporci sopra qualcosa di estraneo, di ricercato, di intellettualistico. Si perde di vista che Totò è un fatto naturale, un gatto, un pipistrello, qualcosa di compiuto in se stesso, che è come è, che non può cambiare, tutt'al più puoi fotografarlo.

Vero o falso?

1. L'intervista a Totò si svolge di domenica pomeriggio. V F
2. Totò usa il «Lei» con Fellini. V F
3. Nel testo dell'intervista pubblicato, Fellini riporta le frasi di Totò. V F
4. A guardare Totò si provava un sentimento di meraviglia. V F
5. In Totò erano esemplificati la storia e i caratteri degli italiani. V F
6. Molti pensano che il cinema abbia usato male Totò. V F
7. Come Pulcinella, Totò non poteva essere che se stesso. V F

Domande

1. Com'è descritto e dov'è Totò quando Fellini lo va a intervistare?
2. Quali sono le cose che piacciono a Totò?
3. Cosa aggiunge Fellini al testo dell'intervista?
4. Come reagisce Totò quando vede il giornale?
5. Che cosa aveva di straordinario la figura di Totò?
6. Quali caratteristiche tipiche degli italiani incarnava?
7. Perché, secondo Fellini, Totò non poteva essere usato diversamente al cinema?
8. In quali modi Totò è visto come un «fatto naturale»?

Osserva e descrivi la locandina originale del film utilizzando la scheda 1 in fondo al libro.

6

Rocco e i suoi fratelli

(*Rocco and His Brothers*)

di LUCHINO VISCONTI (1960)

Il regista. Colto e raffinato, partigiano e antifascista, Luchino Visconti è uno dei più grandi registi del cinema italiano. Nasce a Milano nel 1906 da un'antica famiglia aristocratica e fin da bambino dimostra una passione per il teatro e il melodramma. Negli anni Trenta, divenuto un grande estimatore del cinema, Visconti conosce il regista francese Jean Renoir, al fianco del quale lavora come assistente. La sua filmografia comprende titoli celeberrimi tra cui l'opera prima, *Ossessione* (1943), una versione rivisitata del romanzo di James Cain *The Postman Always Rings Twice; La terra trema* (1948), liberamente ispirato al romanzo *I Malavoglia* di Giovanni Verga; *Senso* (1954), rivisitazione del Risorgimento e omaggio a Giuseppe Verdi; *Rocco e i suoi fratelli* (1960), melodramma basato su *Il ponte della Ghisolfa* di Giovanni Testori; *Il Gattopardo* (1963), tratto dall'omonimo romanzo di Giuseppe Tomasi di Lampedusa e vincitore della Palma d'oro a Cannes. Infine, ricordiamo i film della cosiddetta trilogia germanica, *La caduta degli dei* (1969), *Morte a Venezia* (1971) e *Ludwig* (1973). Proprio durante la lavorazione di quest'ultimo film, Visconti è colpito da un ictus e resta paralizzato alla parte sinistra del corpo fino alla morte sopraggiunta nel 1976.

La trama. La vedova Rosaria Parondi si trasferisce a Milano con i suoi quattro figli dopo che il primogenito vi si è già stabilito. Tutti i personaggi sono in vario modo attirati dal sogno di una vita migliore e influenzati dalle opportunità che si presentano loro. Attraverso le scelte e le azioni di tutti i protagonisti, si assiste all'inevitabile scontro tra valori sociali arcaici e moderni come esempio della controversa opposizione tra Sud e Nord.

Gli interpreti principali. Alain Delon (Rocco Parondi), Renato Salvatori (Simone Parondi), Annie Girardot (Nadia), Claudia Cardinale (Ginetta Giannelli), Katina Panixou (Rosaria Parondi), Spiros Focas (Vincenzo Parondi), Corrado Pani (Ivo).

Nota culturale. Dopo la fine della Seconda guerra mondiale, la ricostruzione e lo sviluppo industriale del paese hanno segnato un cambiamento nei flussi dell'emigrazione. Tra la fine dell'Ottocento e l'inizio del Novecento, la povertà spinge gli emigranti italiani principalmente verso paesi transoceanici come gli Stati Uniti, l'Argentina e l'Australia. Ma a partire dagli anni Cinquanta, quelli del cosiddetto «miracolo economico», molti emigranti meridionali scelgono invece di stabilirsi nelle grandi città del nord Italia, come Milano, Torino e Genova, in piena espansione e alla ricerca di manodopera. Da contadini poveri sulla terra infruttuosa del loro paese di origine, molti emigranti diventano così operai nelle grandi fabbriche del triangolo industriale italiano.

1. Prima della visione

1. Che cos'è una famiglia patriarcale?
2. Quali sono le differenze tra una famiglia patriarcale e una nucleare?
3. Quali sono i pro e i contro di vivere e lavorare in una grande città?

Vocabolario preliminare

la cartolina rosa	official card that used to summon a young man to military duty
l'incontro di pugilato	boxing match
la naja	military service (slang)
la palestra	gym
il pirla / il bamba	idiot (Milanese dialect)
il polentone	northerner (derogatory)
il pugile / il boxeur	boxer
lo scantinato	basement
la scuola serale	night school
lo sfratto	eviction
la spilla	brooch
il terrone	southerner (derogatory)
la tintoria	dry cleaner's
accoltellare	to stab with a knife

allenarsi	to train
avere il vizio del gioco	to be addicted to gambling
avere un debito	to have a debt
costituirsi	to turn oneself in
emigrare	to emigrate
fare il soldato	to serve in the military
fare la boxe	to box
fare la vita / la prostituta	to be a prostitute
firmare una cambiale	to sign an IOU
portare le corna	to be a cuckold
schiaffeggiare	to smack in the face
violentare / stuprare	to rape

Per ognuna delle categorie seguenti, scrivi almeno tre sostantivi, verbi o espressioni scegliendoli dal vocabolario preliminare.

Lo sport

a.

b.

c.

Il militare

a.

b.

c.

La violenza

a.

b.

c.

Collega ogni parola nella colonna di sinistra con il suo contrario nella colonna di destra.

emigrare	avere una compagna fedele
avere un debito	il contratto d'affitto
costituirsi	sfuggire alla giustizia
il terrone	gli studi regolari
la scuola serale	essere creditore
lo scantinato	il polentone
lo sfratto	la soffitta
portare le corna	tornare al proprio paese

2. Durante e dopo la visione

Vero o falso?

1. I fratelli Parondi e la madre arrivano alla stazione di Torino. V F
2. I Parondi vengono dalla Lucania. V F
3. I figli sono molto rispettosi verso la madre. V F
4. Vincenzo e Ginetta vogliono ritornare al paese di origine. V F
5. In casa Parondi, Nadia fugge dalla finestra della cucina. V F
6. All'inizio Simone si presenta in palestra con la sigaretta in bocca. V F
7. Simone vince il primo incontro importante per fuori combattimento. V F
8. Simone ruba una giacca dalla tintoria. V F
9. Ciro frequenta la scuola serale. V F
10. Rocco scopre di avere una vera passione per il pugilato. V F
11. Simone è innamorato di Nadia e ne è geloso. V F
12. Rocco violenta Nadia. V F
13. Simone ha molti debiti di gioco. V F
14. Vincenzo si impegna a firmare una cambiale per Duilio. V F
15. Simone ammazza Nadia vicino al fiume. V F
16. Rocco denuncia Simone alla questura. V F

Scelta multipla

1. All'inizio del film, i fratelli arrivano mentre Vincenzo festeggia ________.
    a. le nozze
    b. il fidanzamento
    c. il compleanno

2. Rosaria e i figli hanno portato con sé dal loro paese __________.
   a. arance
   b. confetti
   c. lenticchie

3. Prima di uscire per spalare la neve, i figli salutano la madre __________.
   a. abbracciandola
   b. stringendole la mano
   c. baciandole le mani

4. L'allenatore dice che Simone ha bisogno di molto allenamento perché __________.
   a. non è abbastanza bravo
   b. è lento
   c. ha cominciato tardi a fare la boxe

5. Mentre sono a Bellagio il giorno di Pasqua, Nadia mostra a Simone __________.
   a. un ristorante famoso
   b. un bar rinomato
   c. un albergo costoso

6. Una sera, sulla sua macchina, Nadia consegna a Rocco __________.
   a. dei soldi
   b. un orologio
   c. dei gioielli

7. Quando rivede Rocco militare, Nadia gli dice di essere stata __________.
   a. in prigione
   b. in vacanza
   c. in viaggio di lavoro

8. Gli amici dicono a Simone che Nadia non si prostituisce più e che invece __________.
   a. segue un corso di dattilografia
   b. fa la cameriera in un bar
   c. lavora come commessa

9. Alla fine Simone uccide Nadia usando __________.
   a. un coltello
   b. una pistola
   c. una corda

10. Ciro, il quarto dei fratelli, pensa che Simone __________.
   a. dovrebbe essere denunciato alla polizia
   b. si dovrebbe nascondere dalla polizia
   c. si sia giustamente vendicato di Nadia

Fornisci tu la risposta giusta.

1. All'inizio del film, qual è il consiglio che il vecchio milanese Armando dà a Vincenzo su come trovare alloggio per i suoi fratelli?

2. Cosa succede una sera dopo la chiusura, quando Simone passa dalla tintoria con un pacchetto da consegnare alla proprietaria?

3. Dove sono tutti i fratelli quando Rocco torna a casa alla fine del servizio militare? Perché la madre non è con loro?

4. Perché Rocco rinuncia a Nadia pur essendo innamorato di lei?

5. Perché Rosaria si sente responsabile della cattiva sorte di Simone? Che cosa dice riguardo alla decisione di emigrare?

6. Cosa succede tra Simone e Duilio, il manager, nella casa di quest'ultimo?

7. Per quali motivi Rocco si impegna a fare il pugile con un contratto a lungo termine?

   a.

   b.

8. Cosa dice Nadia a Simone prima che lui la uccida?

3. Dopo la visione

Inserisci il nome di ogni figlio di Rosaria Parondi accanto al mestiere che svolge:

Ciro, Luca, Rocco, Simone, Vincenzo

1. Fa le consegne per la tintoria Ubaldi. __________

2. Lavora come commesso di un droghiere. __________

3. Fa gli allenamenti, è un boxeur. __________

4. Lavora in un cantiere edile come muratore. __________

5. Lavora come operaio specializzato all'Alfa Romeo. __________

La frase. Chi pronuncia le seguenti frasi e in quale momento del film?

1. «Sono arrivati come un terremoto e è successo un patatràc.»

2. «Io le guardie non le ho mai potute soffrire.»

3. «Questa è la vita, le cose belle si ottengono quando non servono più.»

4. «La moralità è la prima cosa per un atleta. Le donne, le sigarette, bere e altre cose non si possono fare.»

5. «Ma che vuole quella da me? Che si è messa in testa? È una come tante altre.»

6. «Io penso che non riesco a trovarmi in una grande città. E questo perché non ci sono nato, né cresciuto.»

7. «È per la gelosia che l'ha fatto, ha perso la ragione.»

8. «E ora potrai pure tornare in casa a fare il padrone.»

Un fotogramma da Internet

Con l'aiuto di un motore di ricerca, trova un'immagine tratta dal film, stampala e preparati a illustrarla ai tuoi compagni utilizzando la scheda 2 in fondo al libro.

La scena

Guarda attentamente la sequenza finale che include il monologo pronunciato da Ciro. Inserisci i verbi mancanti al tempo giusto.

Verbi: arrivare, campare, fare, insegnare, perdonare, rovinare, scordare, spiegare

Quando __________ a Milano, ero un po' più grande di te e proprio Simone mi spiegava quello che Vincenzo non aveva capito mai. Mi __________ che laggiù al paese i cristiani __________ tutti come tante bestie che conoscono solamente la fatica e l'obbedienza. Che invece tutti hanno a campa' senza essere servi degli altri e senza scordarsi mai i propri doveri. Ma questo Simone se l'è _________. E così ha fatto la fine che ha _________, una brutta fine. S'è _________ e ha portato la vergogna in mezzo a noi. Ha fatto male a Rocco e pure a te, che t'ha _________, Luca, che sei il più piccolo di noi tutti? Simone prima aveva radici sane ma s'è fatto avvelenare dalle male piante. E pure è sbagliata la troppa bontà e la generosità di Rocco. Rocco è un santo, ma nel mondo che può fare uno come lui, che non si vuol difendere? Lui _________ sempre a tutti quanti e invece non sempre bisogna perdonare.

Riguarda la scena una seconda volta e preparati a rispondere alle domande seguenti:

1. Con chi sta parlando Ciro?

2. Com'è vestito e perché?

3. Qual è il suo stato d'animo?

4. Chi incontra subito dopo che il suo interlocutore si allontana?

Spunti per la discussione orale

1. Descrivi il rapporto tra Rosaria Parondi e i suoi cinque figli. Su quali basi è fondato?
2. Descrivi Vincenzo, il maggiore: cosa fa per aiutare i fratelli? E cosa fa, invece, per assicurare la propria felicità?
3. Descrivi Simone: come e perché cambia la sua personalità?
4. Descrivi Rocco, il protagonista: com'è il suo carattere, quali sono le sue aspirazioni e le sue scelte?
5. Descrivi il rapporto di rivalità tra Simone e Rocco: da cosa scaturisce e come si risolve?

6. Descrivi Ciro: in che modo è diverso dagli altri fratelli? Fai degli esempi.

7. Commenta il ruolo di Luca, il minore dei fratelli, e spiega in che modo si relaziona a quelli più grandi.

8. Descrivi Nadia, il suo aspetto fisico, il suo carattere e il suo ruolo nel film.

Spunti per la scrittura

1. I fratelli Parondi emigrano al Nord da un paese povero del Meridione. Quali sono le opportunità che trovano una volta arrivati in città? Quali sono i sentimenti di ciascuno di loro verso la città e verso il loro paese di origine?

2. Commenta questa frase di Rocco: «A me mi piacerebbe desiderare un'automobile, per esempio. Ma solo dopo aver desiderato e ottenuto tutto quello che viene prima. Voglio dire un lavoro sicuro, fisso, una casa, e la sicurezza di avere da mangiare tutti i giorni.» Che significato hanno queste parole nel contesto in cui vengono pronunciate? Giustifica la tua risposta con degli esempi.

3. Analizza le caratteristiche e le vicende dell'eroe, Rocco, in contrasto con quelle dell'antieroe, Simone. In che modo l'ascesa del primo coincide con il declino del secondo? Fai degli esempi.

4. Analizza le tre principali figure femminili, Rosaria, Ginetta e Nadia. Cosa rappresentano rispettivamente e in che modo si contrappongono?

5. Facendo particolare riferimento a Simone, Rocco e Ciro confronta i diversi modi di essere «maschio».

6. Lo stupro di Nadia e la sua uccisione sono due momenti molto forti del film. Analizza queste scene e spiega che cosa in particolare ti ha colpito del loro svolgimento e del loro significato.

Spunti per la ricerca

1. Visconti ha dichiarato che la figura di Rocco è costruita sul modello de *L'idiota* di Dostoevskij. Confronta il personaggio creato dallo scrittore russo e il protagonista del film sottolineando somiglianze e differenze.

2. Uno degli sceneggiatori del film è Vasco Pratolini, un importante scrittore italiano. Fai una ricerca sulla sua vita e sulla sua opera nel contesto letterario del Novecento.

Internet

Usando un motore di ricerca, trova informazioni sugli argomenti che seguono e poi presenta alla classe i tuoi risultati.

1. La Lucania: com'era la sua economia negli anni '50 e com'è oggi.
2. L'emigrazione interna dal Sud Italia alle città industriali del Nord nel periodo fra il 1945 e il 1965.
3. L'Italia e gli anni del servizio militare obbligatorio.

4. Espansione

Leggi attentamente il testo e rispondi alle domande che seguono.

Da: Mafai, Miriam. *Il sorpasso. Gli straordinari anni del miracolo economico 1958–1963.* Milano: Mondadori, 1997.

> Ma ora, nella seconda metà degli anni Cinquanta, una voce percorre le campagne meridionali: qualcuno dice che non è necessario andare nelle Americhe, che non è necessario andare in Germania o in Belgio, qualcuno assicura che nelle grandi città del Nord, a Torino, a Milano, a Genova, ci sono operai che guadagnano anche 2.000, persino 3.000 Lire al giorno. È vero? È possibile? E se è vero, allora perché non io?
>
> Comincia così la grande fuga, l'avventura verso il Nord, verso le grandi città, verso le fabbriche che hanno bisogno di braccia giovani e forti....
>
> Gli emigranti sono in primo luogo i contadini. Ma non si muovono solo da Sud verso Nord, anche se questo è il movimento più consistente. Altri contadini, a decine e centinaia di migliaia, non meno poveri, si spostano in diverse direzioni, dalle montagne alle pianure, dal Nord Est al Nord Ovest. Dopo «l'immenso massacro contadino» della guerra di Russia, per dirla con Nuto Revelli, la montagna cuneese, abbandonata dagli uomini validi, si avvia a morire di inedia, lasciata alla devastazione delle frane e delle valanghe. Ma si fugge anche dal Friuli e dal Bellunese, si fugge dal Polesine martoriato da alluvioni e bradisismi, a cercare altrove, nelle città capoluogo più vicine come in quelle più lontane, lavoro e civiltà.
>
> E al termine di questo processo, con il censimento del 1961, si registra che l'Italia non è più un paese agricolo. Gli addetti all'agricoltura, che nel 1951 erano 8.600.000 contro i 5.800.000 addetti alle attività industriali, sono scesi a poco più di 6.000.000, mentre gli addetti all'industria sono saliti a 7.600.000. Si è alleggerita insomma, per usare un'espressione scientifica, la pressione demografica sulle

campagne. Gli addetti all'agricoltura sono scesi dal 56 al 37% nelle regioni meridionali, dal 47,8 al 26% nelle regioni nord-orientali, dal 44 al 23% nelle regioni centrali, dal 25 al 13% nelle regioni nordoccidentali. Nel Meridione, i vuoti lasciati dagli emigrati sono stati in parte riempiti, come già era accaduto durante la guerra, dalle donne e dai ragazzi.

Quando, alla fine, si faranno i conti di questa gigantesca trasformazione, si noterà che è il Mezzogiorno ad averne pagato il prezzo più alto. Dei circa 4.000.000 di emigranti, che se ne sono andati oltremare o nei diversi paesi europei fra il 1946 e il 1960, l'80% sono meridionali. Fra il 1955 e il 1962 altri 3.000.000 di italiani si sono spostati dalle campagne alle città: anche di questi la maggioranza è meridionale.

Nel 1961 le province con saldo migratorio attivo sono 19 su un totale di 92. E sono tutte nel Nord, salvo Roma, la capitale sulla quale grava parte essenziale dell'emigrazione abruzzese e marchigiana e di quanti vengono dal Sud a fare i muratori, i camerieri, i bidelli, gli uscieri, gli impiegati negli uffici pubblici. A quella data, dunque, nei primi anni Sessanta, il paesaggio italiano risulta profondamente cambiato: Torino ha aumentato i suoi abitanti di quasi 400.000 unità, come Roma, mentre Milano è cresciuta di 549.000 abitanti. Le grandi città si sono trasformate, hanno perso i loro connotati tradizionali, stanno cambiando abitudini. Anche questo è il miracolo.

Domande di comprensione

1. Prima della seconda metà degli anni Cinquanta, dove emigravano gli abitanti delle campagne meridionali?
2. Quali erano le tre grandi città italiane del cosiddetto «triangolo industriale»?
3. In che direzione si spostavano i due flussi migratori principali?
4. Quali erano le condizioni della montagna cuneese? E quelle del Polesine?
5. Cosa si scoprì con il censimento del 1961?
6. In media, di quanto erano diminuiti gli agricoltori nelle diverse parti d'Italia?
7. Quante persone sono emigrate dal Meridione fra il 1946 e il 1960?
8. Cosa è accaduto tra il 1955 e il 1962?
9. Cosa significa l'espressione «saldo migratorio attivo»?
10. Da dove provenivano e quali mestieri svolgevano gli emigrati nella capitale?
11. Quanti abitanti in più contavano Torino, Milano e Roma nei primi anni Sessanta?
12. Che cosa significa la frase finale «anche questo è il miracolo»?

Osserva e descrivi la locandina originale del film utilizzando la scheda 1 in fondo al libro.

7

La notte

(*The Night*)

di MICHELANGELO ANTONIONI (1961)

Il regista. Michelangelo Antonioni nasce a Ferrara nel settembre del 1912. Dopo la laurea a Bologna in economia e commercio inizia a lavorare come critico cinematografico. Trasferitosi a Roma, diventa redattore della rivista *Cinema* e nel 1942 collabora alla sceneggiatura di *Un pilota ritorna* di Rossellini. Nello stesso anno è in Francia come assistente di Michel Carné per *L'amore e il diavolo.* Dopo la guerra collabora sia con Giuseppe De Santis per *Caccia tragica* (1946) che con Luchino Visconti. Il suo primo lungometraggio è *Cronaca di un amore* (1950), a cui seguono *La signora senza camelie* (1953), *Il grido* (1957), *I vinti* (1952) e *Le amiche* (1955). Il successo, soprattutto di critica, arriva con *L'avventura* (1960), che vince al Festival di Cannes. Gli altri suoi film di questa stagione sono *L'eclisse* (1962) e *Il deserto rosso* (1964), dopo di cui Antonioni comincia a lavorare soprattutto all'estero: *Blow-Up* (1966) è girato in Inghilterra, mentre *Zabriskie Point* (1970) e *The Passenger* (1975) (in italiano, *Professione: reporter*) sono realizzati negli Stati Uniti. Tornato in Italia, gira *Il mistero di Oberwald* (1979) e *Identificazione di una donna* (1982). Dopo la malattia, che lo lascia parzialmente paralizzato, Antonioni dirige ancora *Beyond the Clouds* (1995), con Wim Wenders, e uno dei tre episodi di *Eros* (2004), con Steven Soderbergh e Wong Kar-Way.

La trama. Il film racconta la giornata dello scrittore Giovanni Pontano e della moglie Lidia, iniziando dalla loro visita in clinica a Tommaso, un amico gravemente ammalato. In seguito, i due si recano alla presentazione del nuovo libro di Giovanni, da cui Lidia fugge quasi subito per andare in giro per la città e recarsi poi in periferia, dove Giovanni andrà a riprenderla. Tornati a casa, decidono presto di uscire nuovamente, vanno insieme in un locale notturno e quindi a una festa a casa di un ricco industriale della Brianza, dove resteranno fino al mattino.

Gli interpreti principali. Marcello Mastroianni (Giovanni Pontano), Jeanne Moreau (Lidia), Monica Vitti (Valentina).

Nota culturale. Fin dai suoi esordi, il cinema di Antonioni rivolge la sua attenzione a soggetti meno popolari di quelli che interessano la contemporanea corrente neorealista. I suoi personaggi, infatti, appartengono per lo più a una borghesia colta e tormentata da crisi esistenziali. Incapaci di comunicare, i protagonisti dei suoi film si muovono spesso in un mondo di cui non riescono a capire o accettare il senso. Densi di suggestioni e citazioni letterarie, filosofiche e artistiche, e caratterizzati da una rigorosa ricerca formale, i film di Antonioni hanno affascinato e influenzato un gran numero di intellettuali e cineasti sia in Italia che all'estero.

1. Prima della visione

1. Sei mai stato ricoverato/a in ospedale? Perché? Per quanto tempo?
2. Come immagini la vita di uno scrittore / di una scrittrice?
3. Hai mai partecipato a una festa elegante ed esclusiva? Com'era l'ambiente? Com'eri vestito/a? Cos'hai mangiato e bevuto?
4. Conosci la periferia di qualche grande città? Come la descriveresti?

Vocabolario preliminare

la clinica	hospital
la domestica	servant
il fiammifero	match / light
l'intervento	surgery
l'intellettuale	intellectual
l'industriale	tycoon
il lusso	luxury
lussuoso / di lusso	luxurious
prematuro	premature
il premio Nobel	Nobel prize winner
la seccatura	bore / drag
il sonnambulo	sleepwalker

Completa le frasi con la parola o l'espressione giusta.

1. Giovanni, da buon __________, possiede un'ampia biblioteca e legge di continuo libri e riviste letterarie e filosofiche.

2. I Gherardini hanno licenziato la __________ perché voleva un aumento.

3. Tommaso è senza speranza, i dottori hanno rinunciato all'__________ chirurgico.

4. La clinica è molto costosa, ma i malati ricevono un trattamento __________.

5. Il signor Gherardini è un ricco __________, possiede diverse fabbriche.

Aiutandoti con il dizionario e utilizzando le parole del vocabolario preliminare, trova un equivalente per le espressioni in corsivo.

1. Ha *da accendere?*
2. È ricoverato *in ospedale.*
3. Anche Lidia, come il marito, è *una persona colta.*
4. Ha subito *un'operazione* molto grave.
5. La presentazione del libro si è rivelata *una cosa noiosissima.*

2. Durante e dopo la visione

Vero o falso?

1. Tommaso ha appena pubblicato un libro su Adorno.	V	F
2. Nella stanza di Tommaso è vietato fumare.	V	F
3. La madre di Tommaso viene a trovarlo.	V	F
4. Elena è un'infermiera molto brava nel suo lavoro.	V	F
5. Lidia promette a Tommaso di ritornare nel pomeriggio.	V	F
6. Alla presentazione del libro, tra gli ospiti, c'è un premio Nobel.	V	F
7. Il libro di Tommaso si chiama *La stagione.*	V	F
8. Tommaso e Lidia hanno una domestica.	V	F
9. Lidia va a casa prima di Giovanni.	V	F
10. Giovanni fa un bagno e convince Lidia ad uscire.	V	F
11. Il cavallo dei Gherardini si chiama Teodoro.	V	F
12. Berenice è un'amica d'infanzia di Giovanni.	V	F
13. Lidia scopre della morte di Tommaso con una telefonata.	V	F
14. Roberto e Lidia si baciano.	V	F
15. Lidia legge a Giovanni una vecchia lettera di Tommaso.	V	F

Scelta multipla

1. Nella prima scena Tommaso chiede più volte: __________.
   a. «Che ora è?»
   b. «Che devo fare?»
   c. «Perché sono qui?»

2. A Tommaso e agli ospiti l'infermiera porta __________.
   a. champagne
   b. acqua minerale
   c. caffè

3. Per Tommaso il vantaggio di una morte prematura è che __________.
   a. si soffre di meno
   b. si fugge il successo
   c. non si invecchia

4. Quando Giovanni esce dalla stanza di Tommaso, la ragazza che lo ferma gli chiede __________.
   a. una sigaretta
   b. un'informazione
   c. un fiammifero

5. In serata, Giovanni e Lidia vanno in un locale dove __________.
   a. fanno cena
   b. guardano uno spettacolo
   c. incontrano amici

6. La festa a casa dei Gherardini è organizzata per celebrare __________.
   a. un compleanno
   b. una vittoria alle corse
   c. una pubblicazione

7. Il signor Gherardini ha una particolare passione per __________.
   a. le rose
   b. i tulipani
   c. le orchidee

8. Il libro che Valentina legge si intitola __________.
   a. *I ribelli*
   b. *Gli incontentabili*
   c. *I sonnambuli*

9. Valentina inventa un nuovo gioco con _________.
   a. un mazzo di carte
   b. un libro
   c. un portacipria

Tu cosa ne pensi?

Giustifica brevemente la tua risposta basandoti sui dialoghi e sulle immagini.

1. Di che malattia soffre Tommaso Garani?

2. Qual è la sua professione?

3. Che rapporto c'è stato tra Lidia e Tommaso?

4. Perché le infermiere picchiano la ragazza in clinica?

5. Di cosa parla il romanzo di Giovanni?

6. Perché Lidia abbandona la presentazione del libro?

7. Cosa l'attrae e cosa la disgusta nella rissa tra i due giovani in periferia?

8. Cosa vuole da lei il giovane vincitore della rissa?

9. Dopo aver fatto a lungo aspettare il taxi, Lidia lo manda via e telefona a Giovanni chiedendogli di andarla a prendere. Perché?

10. Perché Lidia scappa dalla festa dei Gherardini con Roberto?

11. Come proseguirà la storia tra Giovanni e Lidia?

3. Dopo la visione

Lavorando con due o tre altri studenti, rileggi le frasi che seguono in riferimento alle scene del film e decidi chi le pronuncia, quando e perché, poi discuti che cosa significano per te, se tu le useresti o meno e in quali situazioni.

1. «Io non ho più idee, ho soltanto memorie.»
2. «Non ho pensieri, ma ne sto aspettando uno.»
3. «L'amore fa il vuoto attorno.»
4. «Lei si preoccupa solo di chi perde, tipico degli intellettuali, egoisti ma pieni di pietà.»
5. «Lo scrivere è un istinto antiquato.»
6. «Io me lo organizzo, il futuro.»
7. «Se stasera ho voglia di morire è perché non ti amo più.»

Una giornata nella vita di un intellettuale

Sei uno scrittore / una scrittrice che vive una vita molto movimentata e piena di impegni. Qui sotto trovi la tua agenda personale, inserisci i tuoi programmi per domani, un lunedì come tutti gli altri, e poi confronta la tua giornata con quella di un altro / un'altra intellettuale come te, cercando di trovare un momento in cui sia possibile incontrarvi.

Lunedì

7:00	12:00	17:00	22:00
8:00	13:00	18:00	23:00
9:00	14:00	19:00	24:00
10:00	15:00	20:00	01:00
11:00	16:00	21:00	02:00

Espressioni utili

Per fare una proposta

Che ne dici delle... ?
Sei libero/a alle... ?
Pranziamo insieme?
Riusciamo a prendere un caffè?
Ti va se ci vediamo alle... ?
Si potrebbe fare alle...
Ceniamo insieme?
Riesci a liberarti per le... ?

Per saperne di più

Cosa fai più tardi?
Dove ci si vede?
Che programmi hai per le... ?

Per rifiutare

Mi dispiace, a quell'ora devo...
Non se ne parla neppure, ho un impegno improrogabile...
Alle... proprio non ce la faccio...
Non so se ci riesco...

Per accettare

Certo, molto volentieri.
Senz'altro.
D'accordo, con piacere.
Va benissimo.

La festa

Maria Teresa (Resi), Berenice e Roberto sono tre degli ospiti presenti alla festa, descrivili fisicamente e tratteggiane la personalità riassumendo il loro comportamento e i loro discorsi. Scrivi almeno due paragrafi per ogni personaggio e cita una loro frase che ti sembra emblematica.

Maria Teresa:
frase emblematica:

Berenice:
frase emblematica:

Roberto:
frase emblematica:

Un fotogramma da Internet

Con l'aiuto di un motore di ricerca, trova un'immagine tratta dal film, stampala e preparati a illustrarla ai tuoi compagni utilizzando la scheda 2 in fondo al libro.

La scena

Riguarda la scena in cui Giovanni e Lidia sono nel locale notturno e rispondi alle domande che seguono.

1. Che tipo di spettacolo vi si rappresenta? Descrivi in modo esauriente sia lo spettacolo sia il locale in cui si svolge, i clienti, il personale e l'arredamento.

2. Che cosa ci dice lo spettacolo dei gusti di Giovanni e Lidia?

3. Di cosa parlano i due protagonisti durante lo spettacolo?

4. Come si può mettere in relazione questa scena con il resto della storia?

Adesso reciti tu!

Insieme ad un compagno / una compagna, prepara un dialogo basato su una delle situazioni seguenti e poi recitalo davanti alla classe. Usa almeno otto battute per personaggio.

1. Marito e moglie si confessano a vicenda di non amarsi più.
2. Un amico ti dice di avere un male incurabile.
3. Un famoso industriale ti offre un lavoro importante nella sua azienda, ma tu lo rifiuti.
4. Un uomo e una donna che si sono appena conosciuti partono insieme in macchina sotto la pioggia.

Spunti per la discussione orale

1. A quale strato sociale appartengono Giovanni, Tommaso e Lidia? Cosa te lo fa pensare? Fornisci esempi tratti dai loro discorsi o dal loro stile di vita.
2. Descrivi il personaggio di Valentina. Che tipo di donna è? Quali cose le interessano? Come spieghi il suo comportamento con Giovanni e con Lidia?
3. Fornisci esempi della ricchezza dei Gherardini e discuti il modo in cui ci viene presentata. Secondo te, è vista in una luce positiva o negativa?
4. Discuti il rapporto tra Giovanni e Lidia. Come si evolve durante il film? Cosa li lega e cosa li separa?
5. Perché Gherardini vuole offrire un lavoro a Giovanni nella sua impresa? Quale vantaggio gliene può venire? Perché Giovanni rifiuta?
6. Sia gli edifici sia i personaggi sono spesso visti da angolature molto particolari. Fornisci alcuni esempi specifici e, dopo avere identificato il tipo di inquadratura, discuti del suo effetto sulla vicenda rappresentata.

Spunti per la scrittura

1. Scrivi una lettera d'amore al tuo ragazzo / alla tua ragazza. Descrivi i tuoi sentimenti, le tue paure e i tuoi progetti per un futuro insieme.
2. Immagina di voler lasciare il tuo ragazzo / la tua ragazza, ma di non avere il coraggio di farlo a voce. Fallo con una lettera in cui spieghi i motivi della tua decisione.
3. Giovanni scrive una lettera formale all'industriale Gherardini e spiega i motivi per cui non può accettare la sua offerta. Fallo tu.
4. Tommaso ha lasciato una lettera di addio per Giovanni. Scrivila tu.
5. Scrivi una recensione molto negativa del film. Concentrati sugli ambienti descritti.

Spunti per la ricerca

1. La poesia di Salvatore Quasimodo.
2. La musica di Giorgio Gaslini.
3. Le sceneggiature di Tonino Guerra.

Internet

Usando un motore di ricerca, trova informazioni sugli argomenti che seguono e poi presenta alla classe i tuoi risultati.

1. La casa editrice Bompiani, la sua storia e i suoi autori.
2. Monica Vitti, i personaggi da lei interpretati nei film di Antonioni e in quelli di altri registi.

4. Espansione

Leggi molto attentamente il breve brano che segue, una riflessione dello stesso Antonioni sul cinema, e svolgi le attività proposte.

Da: Antonioni, Michelangelo. *La realtà e il cinema diretto.* In *Fare un film è per me vivere. Scritti sul cinema.* (A cura di Carlo e Giorgio Tinazzi). Venezia: Marsilio, 1994.

> Che i registi del «cinema diretto», con la macchina da presa Coutant, sotto il braccio, si mescolino alla gente per filmare le loro inchieste, non cambia nulla. Dovrà guidarli una idea, un atteggiamento. Senza di che la loro macchina resterà inerte; come inerte rimane, nonostante la sua sovrumana memoria e i milioni di cognizioni, il calcolatore più potente del mondo privo di programma. Recentemente a Parigi ho assistito alle riprese di un film. Registravano con un magnetofono le risposte di una signora a domande che le venivano poste lì per lì. Poi hanno ricopiato queste risposte, le hanno fatte imparare a memoria alla signora e dopo hanno girato la scena. La falsità del risultato cui saranno pervenuti è scontata.
>
> In un paese vicino a Valdagno mi fermo a bere qualcosa in un bar. L'edificio è in un piazzale molto ventilato. Com'è fotogenico il vento. Ci sono altre case intorno, ma isolate, e il vento s'infila tra l'una e l'altra sollevando nuvole di polvere che mi investono e poi vanno, su, oltre i tetti, diventando più bianche in controluce. Da dentro la scena è ancora più suggestiva. Una enorme vetrata lascia vedere quasi tutto il piazzale, chiuso in fondo da un muro, è di un azzurro che la polvere fa sembrare stinto. Riprende la sua intensità come in dissolvenza, col dissolversi delle nuvole di polvere. Però è strano. Mi muovo per la sala cercando l'angolazione giusta e non la trovo. Avrei molte incertezze se dovessi inquadrare quello che vedo. Forse la difficoltà dipende dal fatto che non ho una storia da raccon-

tare e così la fantasia visiva gira a vuoto. Torno al banco del bar dove una ragazza ha intanto preparato la mia consumazione. È bruna, occhi chiari, malinconici. Sui ventotto, un po' sformata. Gesti lenti e precisi. Guarda fuori i pezzi di carta, i rami portati dal vento. Le domando se è sempre così questo posto. Risponde: «Macché». Niente altro. Si mette a sedere su uno sgabello e appoggia il braccio alla macchina del caffè, la testa sul braccio. Sembra stanca, assonnata, o indifferente, o occupata in gravi pensieri. Comunque è immobile e così immobile comincia a essere personaggio.

Penso che anche questo sia un modo di fare del «cinema verità». Attribuire a una persona la sua storia, cioè la storia che coincide con la sua apparenza, con la sua posizione, il suo peso, il suo volume in uno spazio. Pian piano mi sposto fino a raggiungere l'estremità del banco, alle spalle della ragazza che viene così a trovarsi in primo piano. In fondo alla sala la vetrata obliqua, la polvere che si ferma contro il vetro e scivola giù come se fosse liquida. Da qui, con la ragazza di spalle, il rapporto tra esterno e interno è giusto, l'immagine carica. Hanno senso il bianco fuori—una realtà quasi inesistente—e le macchie scure dentro, ragazza compresa. Un oggetto anche lei. Un personaggio, senza faccia, senza storia. L'inquadratura è così bella che quasi non c'è bisogno d'altro per conoscerlo.

Tuttavia mi avvicino e mentre mi prepara un'altra bibita le domando come si chiama. «Delitta». «Come?». «De-lit-ta». «Come delitto?». «Sì, ma con la a». La guardo stupito. «È stato mio padre» spiega. «Diceva che era un delitto nella sua condizione mettere al mondo dei figli, ma mia madre ne voleva uno e così lui ha detto va bene però gli mettiamo nome Delitto. Siccome sono femmina... Ecco». Potrei interrogarla fino all'esaurimento, seguirla passo passo per tutta la giornata per le strade del suo ventilato paese e nella sua casa certamente ordinata e pulita, sono sicuro che non avrei sorprese e che la sola, assurda stramberia della sua vita resterebbe il nome: Delitta come delitto, con la a.

Domande di comprensione

1. Quali sono i dettagli usati per descrivere l'episodio?
2. Chi sono i protagonisti?
3. Come viene descritta la ragazza?
4. Perché, a un certo punto, la ragazza diventa personaggio?
5. In che cosa consiste il «cinema verità» di cui si parla?
6. Quali elementi compongono l'inquadratura descritta nel secondo paragrafo?
7. Come si chiama la ragazza e perché?

Per discutere

1. Ti piacerebbe vedere questa scena rappresentata in un film? Perché?
2. Quale potrebbe essere la storia di questo film?
3. In cosa consiste per te il «cinema verità»? Quali storie racconta?
4. Che rapporto si instaura tra una scena descritta e una filmata, tra una sceneggiatura e la sua realizzazione filmica?
5. Credi che il lavoro di sceneggiatore si distingua da quello di scrittore? In quale modo?
6. Tu hai mai pensato di scrivere una sceneggiatura? Dovendo farlo, di cosa tratteresti?

Attività

Pensando al film e al breve dialogo tra Delitta e Antonioni, prova a scrivere un copione per una scena particolarmente enigmatica o bizzarra, oppure una in cui due personaggi, un uomo e una donna, parlino dei loro stati d'animo senza riuscire a capirsi a vicenda. Usa almeno cinque battute per ciascuno.

A:

B:

A:

B:

A:

B:

A:

B:

A:

B:

Con l'aiuto di un compagno / una compagna, metti in scena il tuo dialogo davanti al resto della classe. Ogni studente dovrà poi scrivere un breve paragrafo di critica / commento alla rappresentazione tenendo conto anche delle reazioni del pubblico.

Osserva e descrivi la locandina originale del film utilizzando la scheda 1 in fondo al libro.

8

Divorzio all'italiana

(*Divorce Italian Style*)

di PIETRO GERMI (1961)

Il regista. Pietro Germi nasce a Genova nel 1914 e successivamente si trasferisce a Roma dove frequenta il Centro sperimentale di cinematografia. Dedicatosi alla regia, si fa conoscere al pubblico grazie ad alcuni melodrammi, ma il successo arriva quando Germi si cimenta con la commedia. *Divorzio all'italiana* del 1961 si aggiudica il premio Oscar per la sceneggiatura nel 1963, rendendo il suo regista universalmente noto. Seguono *Sedotta e abbandonata* nel 1964 e *Signore e signori* nel 1965. I film successivi segnano la decadenza artistica di Germi, che muore di malattia epatica nel 1974. La sua produzione migliore si contraddistingue per i toni grotteschi e la satira di costume.

La trama. Invaghitosi della giovane cugina che desidera portare all'altare, il nobile siciliano Ferdinando (Fefè) Cefalù studia il piano per liberarsi della noiosa ed opprimente consorte. Con uno stratagemma spinge quest'ultima all'infedeltà coniugale per poi ucciderla, vendicando così il proprio onore e quello di tutta la famiglia. Dopo un breve periodo di reclusione in carcere, Fefè può finalmente convolare a nuove nozze.

Gli interpreti principali. Marcello Mastroianni (Ferdinando «Fefè» Cefalù), Daniela Rocca (Rosalia), Stefania Sandrelli (Angela), Leopoldo Trieste (Carmelo Patanè).

Nota culturale. L'articolo 587 del codice penale italiano, introdotto nel 1930, stabiliva l'incarcerazione da tre a sette anni per chi uccidesse la consorte, la figlia o la sorella colpevoli d'adulterio, così da riparare con il sangue l'offesa dell'onore personale e della famiglia. Tale articolo è stato abrogato nel 1981, dopo che erano già entrate in vigore rispettivamente la legge sul divorzio nel 1970 e quella sull'aborto nel 1978. Fino alla legalizzazione del divorzio, dunque, il delitto d'onore, specialmente al Sud, non soltanto era socialmente accettato, ma soprattutto era punito dalla legge con una pena alquanto lieve che ne favoriva la pratica.

1. Prima della visione

1. Il divorzio è legale nel tuo paese? Se lo è, quanto tempo occorre per renderlo effettivo?
2. Secondo te, che cos'è l'onore? È importante difenderlo?
3. Secondo te, in cosa consiste il maschilismo?
4. Si dice che gli italiani parlino molto con le mani: conosci alcuni loro gesti tipici?

Vocabolario preliminare

il calderone	cauldron
il codice penale	penal code
compromesso/a	(here) dishonored
il coniuge, il / la consorte	spouse
cornuto	cuckolded
il delitto	murder
disonorato/a	dishonored, shamed
illibata	virgin, pure
la levatrice	midwife
l'onore	honor
il processo	trial
la sabbiatura	sand bath
le sabbie mobili	quicksand
la sgualdrina	whore
il tradimento / l'adulterio	adultery
il vigliacco	coward
dissipare	(here) to squander
mettere / fare le corna a qualcuno	to cuckold
tradire	(here) to be sexually unfaithful

Completa le frasi con la parola o l'espressione giusta.

1. La legge italiana non punisce più __________ come in passato. (l'adulterio, l'omicidio, il furto)

2. __________ è un grande recipiente in cui si fa bollire qualcosa.
   (il tradimento, il delitto, il calderone)

3. Non è bene __________ il patrimonio di famiglia.
   (tradire, dissipare, disonorare)

4. Ostetrica è un sinonimo di __________.
   (consorte, sgualdrina, levatrice)

5. Se una donna non ha mai avuto rapporti sessuali si dice che è __________.
   (illibata, compromessa, disonorata)

6. Gli Stati Uniti e la Russia __________ i loro astronauti da molti anni.
   (processano, mandano nello spazio, compromettono)

Collega le parole nella colonna di sinistra con la definizione appropriata nella colonna di destra.

le sabbiature	l'uomo che accetta un'umiliazione senza reagire
le sabbie mobili	la promessa scritta di pagare una somma di denaro
il delitto	le leggi che governano le pene carcerarie
il vigliacco	il trattamento per curare l'artrosi e altre forme reumatiche
il codice penale	il misfatto che contravviene alla legge
la cambiale	la palude da cui si rischia di non poter più uscire

2. Durante e dopo la visione

Vero o falso?

1. Ferdinando (Fefè) Cefalù è sposato da 7 anni.	V	F
2. Sua cugina Angela vive dall'altra parte del paese.	V	F
3. Rosario, il fidanzato di Agnese, lavora per le pompe funebri.	V	F
4. Suo padre don Gaetano ha dissipato il patrimonio di famiglia.	V	F
5. Rosalia fa le sabbiature al mare.	V	F
6. Angela è una ragazza disonorata.	V	F
7. Angela riparte per il collegio in treno.	V	F
8. Fefè non ha concluso gli studi.	V	F
9. Carmelo è un antico pretendente di Rosalia.	V	F

10. Fefè è geloso di Carmelo. V F
11. Carmelo restaura i dipinti di palazzo Cefalù. V F
12. Zio Calogero muore di infarto. V F
13. Rosalia tradisce Fefè con Rosario. V F
14. Fefè uccide sua moglie con un coltello. V F
15. Fefè va in prigione per otto anni. V F

Scelta multipla

1. Ferdinando Cefalù è un __________.
   a. conte
   b. duca
   c. barone

2. Secondo Rosalia, lo scopo della vita è __________.
   a. avere figli
   b. amare
   c. lavorare

3. Nel calderone all'esterno del palazzo le serve fanno __________.
   a. il sapone
   b. il bucato
   c. la passata di pomodoro

4. Angela frequenta le scuole magistrali a __________.
   a. Palermo
   b. Messina
   c. Catania

5. Mariannina Terranova ha ucciso __________.
   a. il suo amante
   b. il suo fidanzato
   c. il suo consorte

6. Fefè aveva sposato Rosalia perché era stato attratto __________.
   a. dai suoi fianchi rotondi
   b. dal suo bel viso
   c. dalle sue gambe sensuali

7. Quale animale disegna Fefè sulla lettera anonima? __________.
   a. un asino
   b. un bue
   c. un cervo

8. Quale film di Fellini programmano al cinema di Agramonte? ________
   a. *La città delle donne*
   b. *La strada*
   c. *La dolce vita*

9. Quando i compaesani sanno che Fefè è «cornuto» gli inviano ________.
   a. biglietti di condoglianze
   b. lettere anonime di insulti
   c. cartoline di saluti

10. Secondo Fefè Cefalù, la vita comincia a ________.
   a. trentacinque anni
   b. quarant'anni
   c. cinquant'anni

Fornisci tu la risposta giusta.

1. Qual è l'argomento preferito degli amici del circolo?

2. Quali sono le fantasie di Fefè riguardo alla possibile morte della moglie?

   a.

   b.

   c.

   d.

3. Perché zio Calogero fa visitare Angela da una levatrice?

4. A cosa serve il registratore che compra Fefè?

5. Che cosa scopre Fifina, la serva dei Cefalù, riguardo a Carmelo?

6. Di cosa si rende conto Fefè quando esce dal cinema e si precipita a casa?

7. Chi è Immacolata Patanè e in che maniera insulta Ferdinando?

8. Cosa stanno facendo Rosalia e Carmelo nel momento culminante in cui Fefè giunge per ammazzare la moglie?

3. Dopo la visione

Riordina cronologicamente i luoghi e le persone che il protagonista nomina nel prologo del film.

__________ Angela, sua cugina

__________ Il paese di Agramonte

__________ Rosalia, sua moglie

__________ Palazzo Cefalù

__________ donna Matilde, sua madre

__________ Rosario, il fidanzato della sorella

__________ don Gaetano Cefalù, suo padre

__________ don Calogero, suo zio

__________ Agnese, sua sorella

__________ gli amici del circolo

Tra i seguenti aggettivi, scegli quelli che meglio descrivono il film e giustifica la tua scelta facendo riferimento a scene specifiche.

sentimentale – storico – cinico – satirico – melodrammatico – grottesco – moralistico – nostalgico – parodico – comico – fantastico – farsesco

Un fotogramma da Internet

Con l'aiuto di un motore di ricerca, trova un'immagine tratta dal film, stampala e preparati a illustrarla ai tuoi compagni utilizzando la scheda 2 in fondo al libro.

La scena

Guarda attentamente la sequenza di cui segue il dialogo e inserisci le parole mancanti.

FEFÈ (guardandosi allo specchio): In fondo, sono un tipo interessante, fine __________. Ah lo stomaco, lo stomaco. Bisogna eliminare i grassi. Bisogna eliminare gli zuccheri, i farinacei! Bisogna eliminare tutto!

ROSALIA: Fefè, ti ho portato il __________ fresco fresco. Riposavi?

FEFÈ: Sì! Eh basta, di meno, basta una punta...

ROSALIA: Ma come?! Se ti piaceva __________ il caffè?

FEFÈ: Ora non più.

ROSALIA: Fefè, me ne dai un goccio? Proprio un goccio, un __________?

FEFÈ: Ma se c'è la cuccuma piena!

ROSALIA: No, di quello tuo! __________ (canterellando strappa un capello al marito).

FEFÈ: Ma che, sei pazza?!

ROSALIA: Un capello bianco! E ora che te l'ho strappato te ne rinascono altri sette! Fa così distinto, la tempia un po' __________, lo sai, eh? (annusando). Fifina! Stai attenta al vento! Entra tutto il fumo in casa! Quante volte te l'ho da dire, cretina! (rivolgendosi al marito). Eh no, eh! E tu a tua madre ce lo devi dire, abbi __________. Il sapone l'abbiamo fatto il 18 del mese scorso. Ora siamo all'11! Ma tu lo sai quanto si spende solo di __________ in questa casa?

FEFÈ: Ma no, non ricominciamo con le solite storie!

ROSALIA: Cosa?

FEFÈ: Ma non lo potete comprare già fatto, il sapone?

ROSALIA: No!

FEFÈ: Allo spaccio?

ROSALIA: No! Perché, se le cose in questa casa si facessero con un poco di criterio, il risparmio ci sarebbe. Però, ora, mi sente tua madre! E mo' ascolta, io ce lo debbo dire, abbi pazienza! Mamma, mamma!

FEFÈ: Rosalia!

Riguarda la scena una seconda volta e preparati a rispondere alle domande seguenti.

1. Com'è vestito Fefè? Perché?

2. Cosa sta facendo Fefè quando la moglie entra?

3. Descrivi la stanza in cui si trovano i due personaggi.

4. Qual è la preoccupazione di Fefè mentre si guarda allo specchio?

5. Qual è il commento della moglie sui capelli di Fefè e cosa significa?

6. Descrivi Rosalia: che tipo di donna è?

7. Perché l'umore di Rosalia cambia all'improvviso?

8. Fefè riesce a far cambiare idea a sua moglie?

9. Secondo te, quali sono i sentimenti di Fefè per Rosalia?

10. Con quali aggettivi descriveresti Fefè in questa scena?

Spunti per la discussione orale

1. Come sono i cittadini di Agramonte e in particolare la famiglia di Fefè Cefalù?
2. Che sorta di uomo è Fefè Cefalù? Che tipo di vita conduce con sua moglie Rosalia?
3. In che modo si contrappongono Rosalia ed Angela, per aspetto e personalità?
4. Quali sono le diverse astuzie di Fefè nel preparare la trappola per sua moglie?
5. Riassumi e commenta la scena finale: qual è il significato dell'ultima inquadratura?

Spunti per la scrittura

1. Descrivi i personaggi femminili secondari del film e commenta il loro ruolo nella vicenda.

2. Immagina che Fefè e Angela siano sposati da dieci anni: scrivi un dialogo che rifletta alcuni aspetti della loro vita coniugale.

3. Scrivi una nuova sceneggiatura in chiave drammatica di questo film.

4. Quali espressioni del maschilismo sono messe maggiormente in evidenza, nonché in ridicolo, nel film?

Spunti per la ricerca

1. Il divorzio nella società italiana.

2. La condizione della donna nella cultura siciliana.

Internet

Usando un motore di ricerca, trova informazioni sugli argomenti che seguono e poi presenta alla classe i tuoi risultati.

1. Gli altri film di Germi. Fornisci un riassunto della loro trama.
2. Marcello Mastroianni, uno dei più grandi attori del cinema italiano. Trova informazioni sulla sua lunga e prestigiosa carriera.

4. Espansione

Qui di seguito trovi alcuni degli articoli più importanti della legge italiana sul divorzio. Prima di leggerli con l'aiuto di un dizionario, guarda attentamente gli esercizi che dovrai svolgere alle pagine seguenti.

Da: Legge 1 dicembre 1970, n. 898 (1). «Disciplina dei casi di scioglimento del matrimonio» (1/circ).

> Art. 1 1. Il giudice pronuncia lo scioglimento del matrimonio contratto a norma del codice civile, quando, esperito inutilmente il tentativo di conciliazione di cui al successivo art. 4, accerta che la comunione spirituale e materiale tra i coniugi non può essere mantenuta o ricostituita per l'esistenza di una delle cause previste dall'art. 3.
>
> Art. 2 1. Nei casi in cui il matrimonio sia stato celebrato con rito religioso e regolarmente trascritto, il giudice, quando, esperito inutilmente

il tentativo di conciliazione di cui al successivo art. 4, accerta che la comunione spirituale e materiale tra i coniugi non può essere mantenuta o ricostituita per l'esistenza di una delle cause previste dall'art. 3, pronuncia la cessazione degli effetti civili conseguenti alla trascrizione del matrimonio.

Art. 3 1. Lo scioglimento o la cessazione degli effetti civili del matrimonio può essere domandato da uno dei coniugi: 1) quando, dopo la celebrazione del matrimonio, l'altro coniuge è stato condannato, con sentenza passata in giudicato, anche per fatti commessi in precedenza.... 2) nei casi in cui: a) l'altro coniuge è stato assolto per vizio totale di mente da uno dei delitti previsti nelle lettere b) e c) del numero 1) del presente articolo, quando il giudice competente a pronunciare lo scioglimento o la cessazione degli effetti civili del matrimonio accerta l'inidoneità del convenuto a mantenere o ricostituire la convivenza familiare; b) è stata pronunciata con sentenza passata in giudicato la separazione giudiziale fra i coniugi, ovvero è stata omologata la separazione consensuale ovvero è intervenuta separazione di fatto quando la separazione di fatto stessa è iniziata almeno due anni prima del 18 dicembre 1970. In tutti i predetti casi, per la proposizione della domanda di scioglimento o di cessazione degli effetti civili del matrimonio, le separazioni devono essersi protratte ininterrottamente da almeno tre anni a far tempo dalla avvenuta comparizione dei coniugi innanzi al presidente del tribunale nella procedura di separazione personale anche quando il giudizio contenzioso si sia trasformato in consensuale.... d) il procedimento penale per incesto si è concluso con sentenza di proscioglimento o di assoluzione che dichiari non punibile il fatto per mancanza di pubblico scandalo; e) l'altro coniuge, cittadino straniero, ha ottenuto all'estero l'annullamento o lo scioglimento del matrimonio o ha contratto all'estero nuovo matrimonio; f) il matrimonio non è stato consumato...

Art. 4 1. La domanda per ottenere lo scioglimento o la cessazione degli effetti civili del matrimonio si propone al tribunale del luogo in cui il coniuge convenuto ha residenza o domicilio oppure, nel caso di irreperibilità o di residenza all'estero, al tribunale del luogo di residenza o di domicilio del ricorrente e, nel caso di residenza all'estero di entrambi i coniugi, a qualunque tribunale della Repubblica. La domanda congiunta può essere proposta al tribunale del luogo di residenza o di domicilio dell'uno o dell'altro coniuge....

Art. 5 2. La donna perde il cognome che aveva aggiunto al proprio a seguito del matrimonio.

3. Il tribunale, con la sentenza con cui pronuncia lo scioglimento o la cessazione degli effetti civili del matrimonio, può autorizzare la donna

che ne faccia richiesta a conservare il cognome del marito aggiunto al proprio quando sussista un interesse suo o dei figli meritevole di tutela....

Art. 6 1. L'obbligo, ai sensi degli articoli 147 e 148 del codice civile, di mantenere, educare ed istruire i figli nati o adottati durante il matrimonio di cui sia stato pronunciato lo scioglimento o la cessazione degli effetti civili, permane anche nel caso di passaggio a nuove nozze di uno o di entrambi i genitori.

2. Il tribunale che pronuncia lo scioglimento o la cessazione degli effetti civili del matrimonio dichiara a quale genitore i figli sono affidati e adotta ogni altro provvedimento relativo alla prole con esclusivo riferimento all'interesse morale e materiale di essa. Ove il tribunale lo ritenga utile all'interesse dei minori, anche in relazione all'età degli stessi, può essere disposto l'affidamento congiunto o alternato.

3. In particolare il tribunale stabilisce la misura ed il modo con cui il genitore non affidatario deve contribuire al mantenimento, all'istruzione e all'educazione dei figli, nonché le modalità di esercizio dei suoi diritti nei rapporti con essi.

Comprensione del vocabolario

Cerca sul dizionario il significato dei seguenti termini.

1. scioglimento
2. contratto (p.p. di contrarre)
3. esperito (p.p. di esperire)
4. affidare
5. conciliazione
6. cessazione
7. condannato (p.p. di condannare)
8. commesso (p.p. di commettere)
9. ergastolo
10. assolto (p.p. di assolvere)
11. reato
12. delitto
13. eccepito (p.p. di eccepire)
14. irreperibilità

Comprensione del testo

Vero o falso?

1. Il codice civile regola il contratto di matrimonio. V F
2. Prima di sciogliere il matrimonio il giudice tenta una conciliazione. V F
3. Chi è sposato con rito religioso non può ottenere il divorzio in tribunale. V F
4. L'infedeltà di uno dei coniugi costituisce un motivo per il divorzio. V F
5. Il divorzio è possibile quando uno dei coniugi si risposa all'estero. V F
6. Una donna con il marito condannato all'ergastolo non può divorziare. V F
7. La domanda per lo scioglimento si deve fare in tribunale. V F
8. Con il divorzio, la donna perde sempre il cognome del marito. V F
9. I figli sono normalmente affidati alla madre. V F
10. L'educazione dei figli rimane un obbligo per entrambi i genitori. V F

Domande

1. Chi stabilisce lo scioglimento del matrimonio?
2. In quali casi si può ottenere il divorzio?
3. Quanto tempo dopo la separazione tra i coniugi si può ottenere il divorzio?
4. Chi si occupa dei figli dopo il divorzio?

Osserva e descrivi la locandina originale del film utilizzando la scheda 1 in fondo al libro.

9

Il posto

(The Job; The Sound of Trumpets)

di ERMANNO OLMI (1961)

Il regista. Ermanno Olmi nasce a Treviglio in provincia di Bergamo nel 1931. Nel dopoguerra interrompe gli studi liceali per trasferirsi a Milano, dove si iscrive all'accademia di arte drammatica. Allo stesso tempo, per mantenersi, comincia a lavorare presso la Edison, la società italiana dell'energia elettrica, per la quale realizza filmati sulle diverse aree di produzione industriale. Tra il 1953 e il 1961, Olmi gira oltre quaranta documentari e parallelamente dirige anche il suo primo lungometraggio *Il tempo si è fermato* nel 1958. Seguono *Il posto* (1961), che si aggiudica tra gli altri il premio della critica alla Mostra cinematografica di Venezia, e *I fidanzati* (1962), che, per le tematiche umane affrontate, è complementare al film precedente. Nel 1965, con il titolo *... E venne un uomo,* Olmi firma una sua biografia di papa Giovanni XXIII. Segue un periodo non molto fortunato interrotto nel 1977 da *L'albero degli zoccoli,* premiato al Festival di Cannes con la Palma d'oro. Nel 1987, con *La leggenda del santo bevitore,* Olmi conquista il Leone d'oro a Venezia. Il suo lavoro più recente, *Il mestiere delle armi,* è del 2001.

La trama. Domenico Cantoni è figlio di operai e vive a Meda, paesino in provincia di Milano. All'inizio del film il giovane si reca in città per partecipare a un concorso di impiegato indetto da una grossa azienda metropolitana. Come per molti altri, è l'occasione di trovare un posto di lavoro fisso. Il giorno dell'esame, durante l'intervallo del pranzo, Domenico conosce una ragazza, un'altra aspirante al posto, di cui si innamora al primo sguardo. Entrambi vengono assunti ma, essendo destinati ad uffici diversi, le occasioni per rivedersi e frequentarsi sono praticamente azzerate.

Gli interpreti principali. Loredana Detto (Antonietta Masetti), Tullio Kezich (Lo psicotecnico), Sandro Panseri (Domenico Cantoni).

Nota culturale. La Milano degli anni del boom economico che fa da sottofondo al film, come pure a *Rocco e i suoi fratelli* di Visconti e *La notte* di Antonioni, è una città estremamente dinamica e in continua espansione urbanistica e demografica, mèta di flussi migratori dal Meridione, ma anche dalla stessa provincia lombarda e dalle regioni vicine. Con una popolazione che al censimento del 1961 supera ormai il milione e mezzo, Milano è uno dei poli industriali della penisola e sicuramente la sua capitale finanziaria. Il tipico sogno piccolo-borghese è quello di avere un posto di lavoro sicuro, magari a vita.

1. Prima della visione

1. Hai mai sostenuto un colloquio di lavoro? Puoi descrivere la tua esperienza?
2. Quali caratteristiche dovrebbe avere il lavoro ideale?
3. Quali sono i pro e i contro di lavorare in una grande società?
4. Quali possono essere i vantaggi e gli svantaggi di innamorarsi di un/a collega?
5. Sei mai stato a Milano? Altrimenti, che immagine ne hai?

Vocabolario preliminare

l'ascensore	elevator
l'azienda	firm / company
il ciclostile	cyclostyle / duplicator
la cinghia	strap
il CRAL (Circolo Ricreativo)	employee club
l'esame psicotecnico	aptitude test
il fattorino	messenger / errand boy
l'impermeabile	raincoat
l'impiegato	employee
l'ingegnere	engineer
la latteria	dairy shop where one can eat a cheap meal
la mensa	cafeteria
il posto (di lavoro)	job
il ragioniere	accountant
la scrivania	desk
lo stipendio	salary / pay
fare un colloquio	to do a job interview
essere assunto	to be hired
essere un raccomandato	to have connections

Completa le frasi con la parola o l'espressione giusta.

1. Per arrivare all'ultimo piano occorre salire le scale, dal momento che __________ non funziona.
2. Gli impiegati mangiano alla __________ durante la pausa pranzo.
3. __________ è il precursore della fotocopiatrice odierna.
4. Se un individuo è __________ può ottenere facilmente un impiego pur non avendo un talento particolare.
5. Vado a scuola portando i libri legati con una __________.

Per ogni parola individua nella colonna a destra la parola estranea.

1. l'azienda	la ditta, la compagnia, la fattoria
2. l'impermeabile	il cappotto, il cappello, il paltò
3. la scrivania	la lampada, il tavolo, il banco
4. lo stipendio	il prestito, la paga, la retribuzione
5. il fattorino	la posta, la corrispondenza, il posto
6. il colloquio	la conversazione, il monologo, il dialogo
7. la latteria	la drogheria, la panetteria, la lavanderia
8. l'esame	l'assunzione, la prova, la verifica

2. Durante e dopo la visione

Vero o falso?

1. Il giorno dell'esame, Domenico perde il treno per Milano. V F
2. Gli uscieri trattano Domenico con rispetto. V F
3. All'esame di matematica Domenico è il primo a consegnare. V F
4. La latteria è affollata e Domenico mangia in cucina. V F
5. Antonietta viene da fuori Milano. V F
6. Domenico e Antonietta guardano insieme le vetrine. V F
7. Al bar Domenico offre il caffè ad Antonietta. V F
8. Dopo il pranzo c'è l'esame psicotecnico. V F
9. All'uscita Domenico e Antonietta vanno in tram alla stazione dei treni. V F
10. Quando Domenico arriva a casa la sua famiglia è già a tavola. V F

Scelta multipla

1. Per andare al lavoro, la madre di Domenico gli compra __________.
   a. giacca e pantaloni
   b. un cappotto
   c. un impermeabile

2. Il primo giorno di lavoro Domenico esce di casa con __________.
   a. suo fratello
   b. suo padre
   c. sua madre

3. Durante l'attesa in sala d'aspetto, Domenico confessa ad Antonietta che gli __________.
   a. sudano le mani
   b. tremano le gambe
   c. battono i denti

4. Domenico è destinato __________.
   a. all'ufficio personale
   b. alla direzione tecnica
   c. all'amministrazione

5. La prima persona che chiarisce a Domenico la sua posizione nell'azienda è un __________.
   a. ragioniere
   b. fattorino
   c. ingegnere

6. Sartori, il fattorino anziano, spiega che tutti hanno __________.
   a. esperienza
   b. pazienza
   c. urgenza

7. La donna che in mensa pranza accanto a Domenico dice di avere problemi __________.
   a. ai denti
   b. allo stomaco
   c. al fegato

8. In occasione del Natale, Domenico manda ad Antonietta __________.
   a. una lunga lettera
   b. un mazzo di fiori
   c. un biglietto di auguri

9. Quando si rivedono, Antonietta invita Domenico a __________.
   a. un ballo
   b. una fiera
   c. un bar

10. Domenico ottiene il posto da impiegato dopo che un altro __________.
   a. si è trasferito
   b. è andato in pensione
   c. è morto

Fornisci tu la risposta giusta.

1. All'inizio del film perché Domenico si arrabbia col fratello?

2. Che studi ha fatto Antonietta?

3. In cosa consiste l'esame psicotecnico?

4. Perché Domenico non incontra mai Antonietta alla mensa aziendale?

5. Che scuole ha frequentato Domenico?

6. Chi è il signor Tresoldi?

7. Per quale motivo l'impiegata di mezza età col grembiule piange alla scrivania?

8. Cosa riceve Domenico quando arriva alla festa dell'ultimo dell'anno?

3. Dopo la visione

In latteria. Ecco il menù della latteria: cosa ordina Domenico?

Primi: riso al burro, pasta al burro, pasta al sugo, zuppa di verdura
Secondi: bistecca, paillard, formaggio, uova al tegame
Da bere: acqua minerale, aranciata, chinotto, Coca-Cola

Primo:

Secondo:

Da bere:

Domenico e la sfortuna. Per ogni punto proposto spiega in che modo Domenico è penalizzato dalla sorte.

1. Il caffè con Antonietta

2. La gomma da masticare

3. La corsa sul prato con Antonietta

4. La vettura del treno

5. L'impermeabile

6. L'ascensore

Indica quali delle seguenti affermazioni sono oggetto delle domande rivolte a Domenico durante l'esame psicotecnico.

essere un problema mangiare fuori casa; soffrire di insonnia; abitare fuori Milano; essere stato bocciato a scuola; bere per dimenticare i dispiaceri; fumare sigarette; non avere speranze nell'avvenire; avere il vizio del gioco; avere un motorino; essere tormentato dal prurito; avere precedenti esperienze di lavoro; bagnare il letto tra gli 8 e i 14 anni; perdere il lavoro per motivi di ubriachezza; essere un ritardatario; avere dei passatempi preferiti; provare repulsione per l'altro sesso; essere un problema fare dello straordinario

Gli altri personaggi

Alcuni colleghi dell'ufficio in cui Domenico troverà posto alla fine del film sono ritratti in due momenti distinti: in ufficio, sul lavoro, e a casa, nel tempo libero. Per ognuno dei personaggi descrivi le rispettive attività:

La donna di mezz'età col grembiule:
in ufficio

a casa

Lo scrittore miope:
in ufficio

a casa

Carletto:
in ufficio

a casa

Don Luigi:
in ufficio

a casa

L'impiegato col pettine:
in ufficio

a casa

Un fotogramma da Internet

Con l'aiuto di un motore di ricerca, trova un'immagine tratta dal film, stampala e preparati a illustrarla ai tuoi compagni utilizzando la scheda 2 in fondo al libro.

La scena

Riguarda la scena in cui Domenico parla con Antonietta quando passa a prenderla alla fine dell'esame psicotecnico, poi rispondi alle domande.

1. Cosa ne pensa Antonietta del nome «Domenico»?

2. Qual è il secondo nome di Domenico e per quale motivo glielo hanno dato?

3. Con quale nome Antonietta si presenta a Domenico?

4. Secondo te, perché Antonietta preferisce quel nome?

5. Perché alla fine Antonietta conclude che il nome «Domenico» sta bene al ragazzo?

Adesso reciti tu!

Insieme ad un compagno / una compagna, prepara un dialogo basato su una delle situazioni seguenti e poi recitalo davanti alla classe. Scrivi almeno otto battute per personaggio.

1. Alla mensa ti siedi di fianco a un/a collega che conosci solo di vista.
2. Il capufficio ti parla in privato per darti una promozione.
3. I tuoi genitori vogliono che tu trovi un lavoro, ma tu vorresti proseguire gli studi.
4. Sei a una festa e qualcuno ti invita a ballare, ma tu non sei capace.

Spunti per la discussione orale

1. Descrivi la casa di Domenico: dove e con chi vive?

2. Descrivi i genitori di Domenico e il loro rapporto con il figlio.

3. Descrivi Domenico dal punto di vista dell'aspetto fisico e della personalità.

4. Descrivi Antonietta: che tipo di ragazza è? Ti sembra adatta per Domenico?

5. Quali sono gli argomenti di conversazione tra i due ragazzi?

6. Descrivi il diverso comportamento che l'ingegnere, il ragioniere e il fattorino Sartori hanno con Domenico.

7. Descrivi alcuni dei futuri colleghi d'ufficio di Domenico.

8. Descrivi la sequenza finale del film. Che cosa può significare la presenza in primo piano del ciclostile e del rumore che produce in sottofondo?

Spunti per la scrittura

1. Riassumi l'episodio del film che più ti ha colpito e spiega le ragioni della tua scelta.

2. Descrivi il giorno dell'esame per il posto di lavoro dal punto di vista di Domenico, come se fosse la pagina di un diario.

3. Immagina una giornata tipica in ufficio per Antonietta facendo riferimento ai dettagli presentati nel film.

4. L'ufficio come microcosmo. Facendo precisi riferimenti al film, spiega in che modo questa grande azienda rappresenta per i propri dipendenti un piccolo universo con le sue regole.

5. Immagina che al ballo di fine anno Domenico incontri Antonietta. Riscrivi tutta la scena includendo anche i personaggi secondari.

6. Immagina che dopo quarant'anni per Domenico sia arrivato il momento di andare in pensione. Scrivi in prima persona il resoconto della sua carriera e i risvolti della sua vita privata.

Spunti per la ricerca

1. Il mito del posto di lavoro fisso.

2. I giovani italiani di oggi e le nuove forme di precariato nel mondo del lavoro.

3. Le dinamiche del corteggiamento dal dopoguerra a oggi.

Internet

Usando un motore di ricerca, trova informazioni sugli argomenti che seguono e poi presenta alla classe i tuoi risultati.

1. Cerca e analizza il testo della canzone *Ciao ciao bambina* di Domenico Modugno.
2. Il sistema scolastico italiano: gli indirizzi di studio nella scuola secondaria dal dopoguerra a oggi.

4. Espansione

Leggi questo stralcio tratto dal poema *La ragazza Carla* di Elio Pagliarani e svolgi le attività che seguono.

Da: Pagliarani, Elio. *La ragazza Carla e altre poesie.* Milano: Mondadori, 1962 (III, 6).

...
Si può dire benissimo «Esco
a prendere una boccata d'aria» ma anche a questo
a non affogare per strada di domenica da soli
ci vuole temperanza ed abitudine.

Carla non lo sapeva che alle piazze
alle case ai palazzi periferici succede
lo stesso che alle scene di teatro: s'innalzano, s'allargano
scompaiono, ma non si sa chi tiri i fili o in ogni caso
non si vede: attraversando da un marciapiede all'altro sono bisce
le rotaie, s'attorcigliano ai tacchi delle scarpe
sfilano le calze all'improvviso—come la remora che in altomare
ferma i bastimenti.

Quei bambini sul ponte mentre fanno
una festa dolorosa a un animale c'è il fumo che li assale,
a San Luigi sono i ladri che ci stanno, via Brembo è una fetta di
   campagna, peggio,
una campagna offesa da detriti, lavori a mezzo, non più verde e non
   ancora

piattaforma cittadina; meglio il fumo sul ponte che scompare
col merci, via Toscana, piazzale Lodi con un poco
d'alberi e grandi chioschi di benzina, dove fischia un garzone
   bela tusa
e un altro stona *ha fatto più battaglie la mia sottana*—uno stornello
   di Porta Romana
ma è un uomo sciupato, che porta
un cane a passeggio.

Due giovani sul serio non permettono
con baci spudorati alcuna sosta
su una panca nella rotonda del piazzale, incalza il giorno
il cammino di Carla: viale Umbria si muove un po' di gente
c'è qualche faccia di ragazza fatta, motociclette in moto della festa.
Un bar, gente che ride fa richiamo, ma non entra così una signorina
a bere un'aranciata: intrusa, cioccolataia, figurina
è fuori l'aria, anche se ansima ormai
la passeggiata per mutarsi in corsa e, sorprende una parola
una parola qualsiasi scappata a sé sola—come i vecchi alla Baggina,
i matti.
Pure, dopo il silenzio del verziere
—vedessi che fermento domattina—capita che ritrova la città
i negozi coi vetri luminosi, la folla, il salvagente. Come gli altri
il camminare di Carla riacquista sicurezza e andamento:
è milanese come è periferia
calare per la festa attorno al centro.
Un giro usato
la riprende, un comizio l'attarda e fa pressione
uno sguardo per lei, si perde il tempo.
L'aria scura dov'è? qui sono luci
vive abbaglianti, ci sono i quadri dei pittori nelle sale
dove l'ingresso è libero....

Domande per la comprensione e l'interpretazione

1. Aiutandoti con una cartina della città di Milano, individua le strade citate nella poesia.
2. In che giorno della settimana si svolge la passeggiata?
3. Cosa succede alle piazze, alle case, ai palazzi?
4. A quale animale sono associate le rotaie del tram e perché?
5. Cosa può essere «la remora che in altomare ferma i bastimenti»?
6. Cosa si trova in via Brembo?
7. Che cos'è uno stornello?
8. Chi è seduto su una panca nella rotonda del piazzale?
9. Cosa pensa Carla vedendo il bar?
10. Cosa fa Carla subito dopo?
11. Cosa potrebbe essere il verziere?
12. Quale significato ha qui la parola «salvagente»?
13. Come si sente Carla quando «ritrova la città»?
14. Qual è l'ultima immagine della poesia?
15. Quali sono le sensazioni di Carla durante la passeggiata?
16. Quali sono alcune immagini che la poesia e il film hanno in comune?

Osserva e descrivi la locandina originale del film utilizzando la scheda 1 in fondo al libro.

10

La commare secca

(*The Grim Reaper*)

di BERNARDO BERTOLUCCI (1962)

Il regista. Bernardo Bertolucci, figlio del poeta Attilio, nasce vicino a Parma il 16 marzo 1941 e a quindici anni si trasferisce a Roma con la famiglia. Qui si iscrive all'università presso la facoltà di lettere moderne e intanto lavora come aiuto-regista accanto a Pier Paolo Pasolini nel film *Accattone* del 1961. L'anno successivo, a soli ventun'anni, Bertolucci debutta alla regia con la realizzazione cinematografica del soggetto pasoliniano *La commare secca.* In seguito Bertolucci gira film come *Prima della rivoluzione* (1963) e *Il conformista* (1970), che mettono in evidenza la crisi ideologica dei protagonisti. La sempre maggiore fama internazionale porta presto il regista a realizzare i film successivi soprattutto all'estero. Tra i titoli più celebri ricordiamo *Ultimo tango a Parigi* (1973), *1900* (1976), *The Last Emperor* (1989), che si è aggiudicato nove premi Oscar, *The Sheltering Sky* (1990, in italiano *Il tè nel deserto*) e *The Little Buddha* (1993). Il più recente dei suoi lungometraggi si intitola *The Dreamers* e risale al 2003.

La trama. Sulle rive del Tevere viene rinvenuto il cadavere di una prostituta. Tra i sospettati ci sono un giovane ladruncolo, un uomo con parecchi precedenti penali, un militare di leva, un uomo che ama camminare per Roma dopo il lavoro e un paio di amici adolescenti. Attraverso l'interrogatorio e la parallela ricostruzione per immagini delle attività di ciascuno (compresa la vittima) nel giorno del delitto, il maresciallo (e con lui anche lo spettatore) giungerà a individuare l'unico vero colpevole e il movente del suo gesto.

Gli interpreti principali. Francesco Ruiu (Luciano Maialetti), Alfredo Leggi (Bustelli), Allen Midgette (Teodoro Cosentino), Alvaro D'Ercole (Francolicchio), Romano Labate (Pipito), Gabriella Giorgetti (Esperia).

Nota culturale. Questo film ritrae i luoghi più periferici e borgatari della capitale, così come lo erano all'inizio degli anni Sessanta, in antitesi ai più scontati sfondi turistici, rappresentati soltanto nove anni prima nel celebre *Roman Holiday* di William Wyler. Un ponte stradale dietro il quale campeggiano enormi palazzi popolari e un prato spazzato dal vento che solleva cartacce sono le immagini programmatiche con cui si apre il film. L'episodio che ha per protagonisti i ladri di borse si svolge nei giardini dell'EUR, il quartiere voluto da Mussolini alla periferia sud di Roma. La scena in cui il militare visita il Colosseo è l'unica eccezione e del resto, lasciato il centro storico, il giovane vaga a lungo per strade sterrate prima di giungere al Parco Paolino. Proprio questo parco (oggi Parco Schuster, contiguo alla Basilica di San Paolo fuori le Mura e prospiciente le rive del Tevere), costituisce il punto focale del film, essendo al crocevia delle azioni di tutti i personaggi coinvolti nella vicenda.

1. Prima della visione

1. Quali sono gli elementi caratteristici di un giallo, ovvero di una storia poliziesca?
2. Quali sono alcuni dei reati più comuni che conosci? Quali di questi sono più gravi, quali meno gravi?
3. Esistono celebri casi di omicidio che sono avvenuti nel tuo paese? Puoi ricordarne alcuni in particolare?

Vocabolario preliminare

l'accendisigari	cigarette lighter
la baracca	shack
la borgata	working-class suburb in Rome
la decappottabile	convertible
l'indagine	investigation
l'interrogatorio	interrogation
l'omosessuale	homosexual
la panchina	bench
la periferia	outskirts
il pilone	pillar
la sala da ballo	dance hall

lo sfruttatore	pimp
il sospettato	suspect
il sottopassaggio	underpass
il viadotto / il ponte stradale	overpass
gli zoccoli	clogs
annegare	to drown
derubare	to rob
estorcere	to extort / to extract
tuffarsi	to dive

L'intruso. Tra le parole elencate a destra, indica quella che non ha nulla in comune con il termine della colonna a sinistra.

la panchina	il parco, gli alberi, il viadotto
la borgata	la periferia, i margini, il centro storico
gli zoccoli	gli stivali, i sandali, le ciabatte
l'indagine	l'interrogatorio, il pilone, l'inquirente
l'accendisigari	la sabbia, la fiamma, il fuoco
il sottopassaggio	la galleria, il tunnel, il passaggio a livello

Completa le frasi con la parola o l'espressione giusta.

1. È divertente __________ in piscina dal trampolino.

2. Quando fa bel tempo, è piacevole guidare una __________.

3. In mancanza di prove, la polizia non ha potuto arrestare il __________.

4. Per guadagnare, lo sfruttatore __________ denaro da persone che lavorano al suo posto.

5. Il ladro __________ le sue vittime approfittando della loro distrazione.

6. È possibile __________ quando si fa il bagno e non si è buoni nuotatori.

2. Durante o dopo la visione

Vero o falso?

1. Luciano Maialetti è il primo indagato che la polizia interroga. V F
2. Luciano e i suoi due amici sono andati al parco per rubare. V F
3. Alla sera Luciano è tornato a casa con la refurtiva. V F
4. Bustelli ha subìto dieci processi nella sua vita. V F
5. Bustelli ha due fidanzate. V F
6. Bustelli guida una macchina sportiva decappottabile. V F
7. Teodoro Cosentino, il militare, ha molto successo con le donne. V F
8. La sera Cosentino si è addormentato su una panchina nel parco. V F
9. L'uomo con gli zoccoli è stato visto nel parco da Luciano. V F
10. Pipito e Francolicchio sono in amicizia con due ragazze. V F
11. L'uomo con l'impermeabile è probabilmente omosessuale. V F
12. Francolicchio ha rubato l'orologio all'uomo con l'impermeabile. V F

Scelta multipla

1. Dopo avere rubato la prima borsetta, Luciano e gli amici vi trovano __________.
   a. due mele
   b. due arance
   c. due pere

2. Gli amici di Luciano si chiamano __________.
   a. Pino e «Spartaco»
   b. Nino e «Sindaco»
   c. Gino e «Canticchia»

3. Il soprannome di Bustelli è __________.
   a. «Califfo»
   b. «Sceriffo»
   c. «Gaglioffo»

4. Bustelli è soprattutto __________.
   a. un sicario
   b. uno sfruttatore
   c. un ladro

5. Teodoro Cosentino viene da un paese vicino a __________.
   a. Catanzaro
   b. Cagliari
   c. Catania

6. Dopo aver visitato il Colosseo, Teodoro Cosentino incontra sulla strada __________.
   a. dei venditori ambulanti
   b. degli innamorati
   c. delle prostitute

7. L'uomo con gli zoccoli dichiara di nascondere sotto la giacca __________.
   a. un gattino
   b. un cagnolino
   c. un uccellino

8. Pipito, Francolicchio e le ragazze del parco parlano soprattutto di __________.
   a. divertimenti
   b. cibo
   c. lavoro

9. Per avvicinare Pipito e Francolicchio, l'uomo con l'impermeabile chiede loro se hanno __________.
   a. un accendisigari
   b. un pettine
   c. una sigaretta

10. Alla fine del film l'uomo con gli zoccoli sta ballando in __________.
    a. un locale notturno
    b. una piazza di paese
    c. una capanna sul fiume

Fornisci tu la risposta giusta.

1. Cosa presenta esattamente la prima sequenza del film?

2. Cosa succede a Luciano quando tenta di rubare la radio al parco?

3. Per quale motivo Esperia e sua madre litigano furiosamente?

4. Come reagisce Esperia quando Bustelli prova a sbarazzarsi di lei?

5. Dove si ripara Cosentino quando scoppia il temporale?

6. Cosa si impegnano a comprare Pipito e Francolicchio per il pranzo che hanno combinato con le ragazze a casa di Mariella?

7. Per quale ragione Francolicchio e Pipito cercano di sfuggire alla polizia? Come finisce la loro fuga?

8. Potresti descrivere in dettaglio tutto ciò che fa la prostituta nelle ultime ore prima di morire?

9. Chi è l'assassino della prostituta? Come e perché la uccide?

10. Chi è il testimone oculare dell'omicidio? Qual è il suo ruolo nella vicenda?

3. Dopo la visione

La frase. Chi pronuncia le frasi seguenti e in quale contesto?

1. «Me sento da fa' piagnere tutti gli innamorati de Roma.»

2. «L'impiastro che me porto appresso so' affari mia.»

3. «Ieri solo una cosa me so' fatto: una gran bella passeggiata de salute.»

4. «Eh se un me 'o ricordo, maresciallo. Mi ha fatto quasi impressione.»

5. «Che ce vuo'? Vai in chiesa e te sposi!»

6. «Mo' ve lo metto io un bel disco ballabile.»

7. «Io ci avevo un'amica mia friulana: era brava, brava, brava.»

8. «Non ho fatto niente! Era una puttana.»

Confronti

Durante l'interrogatorio i sospettati tendono a fornire una versione degli eventi parziale o diversa da quella reale raccontata dalle immagini. Per ciascuno dei personaggi che seguono annota la testimonianza offerta alla polizia e, parallelamente, lo svolgimento oggettivo dei fatti.

Luciano Maialetti:
Testimonianza

Fatti

Bustelli:
Testimonianza

Fatti

Teodoro Cosentino:
Testimonianza

Fatti

L'uomo con gli zoccoli:

Testimonianza

Fatti

Pipito:

Testimonianza

Fatti

Un fotogramma da Internet

Con l'aiuto di un motore di ricerca, trova un'immagine tratta dal film, stampala e preparati a illustrarla ai tuoi compagni utilizzando la scheda 2 in fondo al libro.

La scena

Guarda con attenzione la scena finale e rispondi alle domande.

1. Cosa immagini che sia accaduto nello spazio di tempo intercorso tra la penultima e l'ultima scena del film?
2. Quali sono alcune parole della canzone di sottofondo? Perché possono essere particolarmente significative?
3. In che modo il colpevole reagisce all'arresto da parte della polizia?

Spunti per la discussione orale

1. Come descriveresti questa storia poliziesca (pensa a elementi come l'investigatore e la sua tecnica di indagine, il mistero, la suspense, i colpi di scena)? In che modo si avvicina ad altri film polizieschi famosi oppure se ne allontana (come ad esempio i film gialli di Alfred Hitchcock)?

2. In che modo è costruito il personaggio della vittima? Pensi che sia efficace?

3. Al di là dell'impianto poliziesco, quali sono gli spaccati di vita che il film presenta attraverso alcuni dei personaggi?

4. Il film è ambientato a Roma: quali aspetti della capitale emergono dal film?

5. Quali aspetti di questo film hai apprezzato? Quali aspetti, invece, non ti hanno soddisfatto? Giustifica la tua risposta.

Spunti per la scrittura

1. Analizza e commenta con precisi riferimenti la personalità e i desideri dei diversi personaggi maschili del film.

2. Assumendo a tua scelta l'identità di uno dei sospettati del film, racconta in prima persona e nei dettagli, ma senza mentire, come hai trascorso la giornata del delitto.

3. Immagina di riscrivere l'ultima parte del copione del film. Scegli un nuovo colpevole tra i sospettati e un movente diverso per l'omicidio della prostituta.

4. Vuoi realizzare un re-make, ovvero una versione contemporanea, del film *La commare secca,* ma vuoi ambientarlo nell'alta società. Descrivi i vari indiziati con le loro rispettive personalità e stili di vita, e naturalmente anche la vittima.

Spunti per la ricerca

1. La collaborazione tra Bernardo Bertolucci e Pier Paolo Pasolini.

2. La poesia dialettale di Giuseppe Gioacchino Belli.

3. Un confronto tra *Accattone* di Pier Paolo Pasolini e *La commare secca* di Bernardo Bertolucci.

Internet

Usando un motore di ricerca, trova informazioni sugli argomenti che seguono e poi presenta alla classe i tuoi risultati.

1. Sergio Citti e la collaborazione con Pier Paolo Pasolini.
2. Il testo della canzone *Come nasce un amore* di Nico Fidenco.
3. Il testo della canzone *Addio addio* di Domenico Modugno (canzone interpretata anche da Claudio Villa, notissimo cantante romano).

4. Espansione

Leggi questo brano tratto dall'ultimo capitolo del romanzo *Ragazzi di vita* di Pier Paolo Pasolini e svolgi le attività che seguono.

L'adolescente Genesio è scappato di casa assieme ai fratelli minori per sfuggire da una situazione familiare drammatica. Adesso si trovano tutti insieme sulle rive del fiume Aniene in un caldo pomeriggio estivo, dove sono raggiunti da un giovanotto adulto e atletico, il Riccetto.

Da: Pasolini, Pier Paolo. *Ragazzi di vita.* Milano: Garzanti, 2000.

> ... «Che traversi il fiume, Genè?» gli gridarono dietro Mariuccio e Borgo Antico, tutti emozionati. Ma quello non li sentiva nemmeno, non li poteva sentire, nuotando dietro al Riccetto, con la bocca tenuta ben chiusa e alta, e la testa storta da una parte per non bere. Passò il correntino che lo trascinò un pezzetto in giù insieme alla zozzeria per qualche metro, poi sempre con le mani che si muovevano svelte svelte sott'acqua e la testa storta, attraversò l'altra metà del fiume. Il Riccetto frattanto era già arrivato sull'altra sponda, sotto la stria bianca degli acidi della varecchina, e si era anche ributtato subito in acqua, riprendendo a nuotare, svelto com'era andato, verso di qua. C'arrivò in poche bracciate, facendo ogni tanto il morto con la pancia in su e, riprendendo a cantare, salì in cima alla scesa sopra il trampolino, e, sempre cantando, cominciò a fare ginnastica per asciugarsi.... Genesio invece se n'era rimasto solo sull'altra riva. S'era messo seduto come faceva lui sotto il torrentello della varecchina, sulla melma appastata di bianco. Lì sopra, alle sue spalle, come una frana dell'inferno, s'alzava la scarpata cespugliosa con il muraglione della fabbrica, da dove sporgevano verdi e marroni delle specie di cilindri, di serbatoi, tutto un mucchio di scatoloni di metallo, dove il sole riverberava quasi nero per la troppa luce.
>
> Mariuccio e Borgo Antico guardavano il fratello accucciato laggiù come un beduino: «Tu non rivenghi a Genè?» gli gridò con la sua vocetta Mariuccio, che si teneva sempre stretti contro le costole i panni arrotolati di Genesio.
>
> «Mo' vengo!» fece Genesio di laggiù, senza forzare la voce, standosene fermo con la faccia tra le ginocchia. Il Riccetto si vestiva adagio adagio, accomodandosi i pedalini, e osservando con attenzione che non fossero messi a rovescio. «Mo' vado a avvertì li carabbinieri che state qqua», gridò allegramente a Genesio, come fu quasi pronto, «e pure vostro padre!»
>
> ... «A Genè, nun rivenghi de qua-a?» continuava intanto a gridare con voce accorata Mariuccio. Genesio a quei richiami se ne stava zitto;

poi tutt'a un botto si gettò in acqua, nuotò fino al correntino, ma però tornò subito indietro e si risiedette ammusolito sotto la scarpata e il muraglione.

«Nun torni a Genè?» ripetè Mariuccio, deluso da com'erano andate le cose.

«Rimano de qqua ancora un pochetto», disse di laggiù Genesio, «se sta tanto bbene de qqua!»

«Daje, traversa!» insistette Mariuccio con le corde del collo che gli si gonfiavano per lo sforzo che faceva a gridare. Pure Borgo Antico si mise a chiamarlo, e Fido abbaiava saltando di qua e di là, ma col muso sempre rivolto all'altra sponda, come se chiamasse pure lui.

Genesio allora si alzò all'impiedi, si stirò un pochetto, come non usava fare mai, e poi gridò: «Conto fino a trenta e me butto.» Stette fermo, in silenzio, a contare, poi guardò fisso l'acqua con gli occhi che gli ardevano sotto l'onda nera ancora tutta ben pettinata; infine si buttò dentro con una panciata. Arrivò nuotando alla svelta fin quasi al centro, proprio nel punto sotto la fabbrica, dove il fiume faceva la curva svoltando verso il ponte della Tiburtina. Ma lì la corrente era forte, e spingeva indietro, verso la sponda della fabbrica: nell'andata Genesio era riuscito a passare facile il correntino, ma adesso al ritorno era tutta un'altra cosa. Come nuotava lui, alla cagnolina, gli serviva a stare a galla, non a venire avanti: la corrente, tenendolo sempre nel mezzo, cominciò a spostarlo in giù verso il ponte.

«Daje, a Genè», gli gridavano i fratellini da sotto il trampolino, che non capivano perché Genesio non venisse in avanti, «daje che se n'annamo!»

Ma lui non riusciva a attraversare quella striscia che filava tutta piena di schiume, di segature e d'olio bruciato, come una corrente dentro la corrente gialla del fiume. Ci restava nel mezzo e, anziché accostarsi alla riva, veniva trascinato sempre in giù verso il ponte. Borgo Antico e Mariuccio col cane scapitollarono giù dalla gobba del trampolino, e cominciarono a correre svelti, a quattro zampe quando non potevano con due, cadendo e rialzandosi, lungo il fango nero della riva, andando dietro a Genesio che veniva portato sempre più velocemente verso il ponte. Così il Riccetto... , se li vide passare tutti e tre sotto i piedi, i due piccoli che ruzzolavano gridando tra gli sterpi, spaventati, e Genesio in mezzo al fiume, che non cessava di muovere le braccine svelto svelto nuotando a cane, senza venire avanti di un centimetro. Il Riccetto si alzò, fece qualche passo... giù verso l'acqua, in mezzo ai pungiglioni e lì si fermò a guardare quello che stava succedendo sotto i suoi occhi. Subito non si capacitò, credeva che scherzassero; ma poi capì e si buttò di corsa giù per la scesa, scivolando, ma nel tempo stesso vedeva che non c'era più niente da fare: gettarsi a fiume lì sotto il ponte voleva proprio dire essere stanchi della vita, nessuno avrebbe potuto farcela. Si fermò pallido come un morto. Genesio ormai non resisteva più, povero ragazzino, e sbatteva in disordine le braccia, ma sempre senza chiedere aiuto. Ogni tanto affondava sotto il pelo della corrente e poi risortiva un poco più in basso; finalmente quand'era già quasi vicino al ponte, dove la corrente si rompeva e schiumeggiava sugli scogli, andò sotto per l'ultima volta, senza un grido, e si vide solo ancora per un poco affiorare la sua testina nera.

Per capire e interpretare la lettura

1. Cosa fa Genesio e per quale motivo non risponde alla domanda iniziale?
2. Come è descritta l'acqua del fiume?
3. Chi sono Mariuccio e Borgo Antico e cosa chiedono a Genesio?
4. Cosa minaccia di fare il Riccetto?
5. Qual è l'ostacolo più grande da superare al centro del fiume?
6. Da quali particolari possiamo capire che Genesio non è un buon nuotatore?
7. Cosa succede a Genesio quando si trova a metà della traversata?
8. Per quale ragione il Riccetto non interviene ad aiutare Genesio?
9. Come finisce l'avventura di Genesio?
10. Com'è lo stato d'animo dei diversi personaggi coinvolti in questa vicenda?

Traduzione

Riscrivi in italiano corretto le seguenti frasi espresse in dialetto romano.

1. «Tu non rivenghi a Genè?»

2. «Mo' vado a avvertì li carabbinieri che state qqua.»

3. «Daje che se n'annamo!»

Questo episodio descritto in *Ragazzi di vita* è molto simile a quello del film in cui Francolicchio e Pipito, in seguito al furto dell'accendisigari, corrono sulle sponde del Tevere per sfuggire alle forze dell'ordine.

Descrivi le somiglianze e le differenze tra l'episodio narrativo e quello filmico.

Somiglianze

1.

2.

3.

4.

Differenze

1.

2.

3.

4.

Osserva e descrivi la locandina originale del film utilizzando la scheda 1 in fondo al libro.

11

Il sorpasso

(*The Easy Life*)

di DINO RISI (1962)

Il regista. Dino Risi nasce a Milano nel 1916. Si laurea in medicina, ma sceglie di dedicarsi al cinema iniziando a collaborare nei primi anni '40 con Mario Soldati e poi con Alberto Lattuada. Per sfuggire alla guerra si rifugia in Svizzera, dove segue corsi di cinema. Dopo molti documentari, realizza il primo lungometraggio, *Vacanze col gangster* (1952). Tra i molti altri suoi film si ricordano *Poveri ma belli* (1957), *Il mattatore* (1960), *I mostri* (1963), *Vedo nudo* (1969), *In nome del popolo italiano* (1971) e *Profumo di donna* (1974), da cui è tratto l'adattamento americano *Scent of a Woman* di Martin Brest, che vale l'Oscar ad Al Pacino nel 1993.

La trama. Bruno, girando in macchina per una Roma quasi deserta, si ferma a bere a una fontana. Roberto, in casa a studiare, si affaccia alla finestra e viene scorto da Bruno che, dopo essere salito da lui, lo convince a seguirlo. È l'inizio di un lungo viaggio in automobile che li porterà, di avventura in avventura, in diverse località dell'Italia centrale. Nell'arco di quasi due giorni, i due scopriranno molte cose l'uno dell'altro e diventeranno amici, ma il viaggio avrà un tragico epilogo.

Gli interpreti principali. Vittorio Gassman (Bruno), Jean Louis Trintignant (Roberto), Catherine Spaak (Lilly).

Nota culturale. Con «Commedia all'italiana», formula critica detestata da Dino Risi, ci si riferisce al fortunato filone cinematografico in voga, per circa un decennio, a partire dalla fine degli anni Cinquanta. Si tratta di un tipo di satira di costume, spesso feroce, che ritrae in modo divertito e a volte autocompiaciuto la società italiana nel periodo del cosiddetto «boom» economico e negli anni immediatamente successivi. Oltre ai film di Dino Risi, l'etichetta viene di solito applicata a quelli di Mario Monicelli, Luigi Comencini, Luigi Zampa e Pietro Germi, ma anche ad alcuni lavori di Ettore Scola e di Federico Fellini.

1. Prima della visione

1. Perché, secondo te, il film s'intitola *Il sorpasso*?
2. Ti piace andare in giro in macchina con gli amici senza una meta precisa? Perché?
3. Come ti comporti con le persone che hai appena conosciuto? Sei da subito molto estroverso/a oppure tendi ad essere timido/a?
4. Hai mai fatto un lungo viaggio in macchina con una persona che non conoscevi?
5. Hai mai visto dei film che raccontano di un viaggio in macchina? Quali?

Vocabolario preliminare

l'alienazione	alienation
l'autogrill	highway rest stop
l'autostoppista	hitchhiker
il clacson	horn
il commendatore	honorary title of the Italian Republic
la contravvenzione	fine / ticket
il cric	jack
il cruscotto	dashboard
il degenerato	degenerate
il delinquente	criminal
il ferragosto	August 15, big holiday in Italy
il finocchio / la checca	derogatory terms for homosexual male
il frigorifero	fridge
l'incomunicabilità	incommunicability, lack of communication
il perdente	loser
il sorpasso	pass (as in driving)
il vincitore	winner
il volante	steering wheel
dondolare	(here) to do the twist (as in dancing)
fare le corna	to make a hand gesture of a bull's head with horns (fist with index finger and pinky extended) implying your partner's infidelity
sbucare	to appear suddenly
sorpassare	to overtake / to pass

Completa le frasi con la parola o l'espressione giusta.

1. Dobbiamo cambiare la gomma. Puoi prendere __________ nel portabagagli?
   a. il cric
   b. il clacson
   c. il volante

2. Quell'uomo ha successo in tutto quello che fa, è davvero __________.
   a. un perdente
   b. un vincitore
   c. un degenerato

3. In Italia il __________ la gente va in vacanza e i negozi sono tutti chiusi.
   a. 31 dicembre
   b. 25 marzo
   c. 15 agosto

4. Ho fame, perché non ci fermiamo a __________ a mangiare qualcosa?
   a. un autogrill
   b. un sorpasso
   c. un cruscotto

Usando un dizionario, trova il sinonimo della parola in corsivo tra quelle fornite in parentesi.

1. Quella macchina va così veloce che nessuno la può *sorpassare.*
   (superare, eguagliare, accostare)

2. Era tanto che non sapevo niente di Mario, poi ieri l'ho visto *sbucare* da dietro un angolo e ci siamo fermati a parlare.
   (scomparire, apparire, dondolare)

3. Avevo parcheggiato in divieto di sosta e un vigile mi ha fatto una *contravvenzione.*
   (multa, rimprovero, rimozione)

4. La polizia ha arrestato il *delinquente* che aveva rapinato la banca.
   (benefattore, commendatore, malfattore)

5. Il marito di mia cugina è un dongiovanni e *le mette le corna* ad ogni occasione.
   (la tradisce, la insulta, la colpisce)

2. Durante e dopo la visione

Vero o falso?

1. La vicenda inizia il giorno di ferragosto. V F
2. Roberto è uno studente di ingegneria. V F
3. Il cognome di Roberto è Cortona. V F
4. A Bruno è piaciuto molto il film *L'eclisse* di Antonioni. V F
5. Roberto ha la patente. V F
6. A pranzo Bruno e Roberto mangiano una zuppa di pesce. V F
7. La corriera da Civitavecchia a Roma costa 950 Lire. V F
8. Gli zii di Roberto abitano vicino a Grosseto. V F
9. Il domestico di zio Michele è soprannominato Occhiofino. V F
10. Il night club di Castiglioncello si chiama «Il cormorano». V F
11. Al night club Bruno si ubriaca. V F
12. Il commendatore di Varese e la moglie ballano insieme. V F
13. La macchina di Bruno è un'Aurelia Sport supercompressa. V F
14. Lilly, la figlia di Bruno, ha vent'anni. V F
15. Lilly si sposa a Natale. V F

Scelta multipla

1. Roberto fa entrare in casa Bruno perché quest'ultimo deve __________.
   a. andare in bagno
   b. fare una telefonata
   c. dargli un libro

2. I preti con la macchina ferma al bordo della strada hanno bisogno di __________.
   a. un cric
   b. una ruota
   c. un po' di benzina

3. La ragazza che piace a Roberto è in vacanza a __________.
   a. Viareggio
   b. Venezia
   c. Amalfi

4. Le turiste che Bruno e Roberto seguono sono __________.
   a. francesi
   b. americane
   c. tedesche

5. Al bar della stazione di servizio Bruno non compra le sigarette perché

__________.

a. non ha i soldi
b. il distributore è rotto
c. le sigarette sono finite

6. Al contadino autostoppista piace la musica di __________.

a. Vianello
b. Modugno
c. Mina

7. Bruno e Roberto fanno pranzo __________.

a. a Roma
b. a Civitavecchia
c. vicino a Grosseto

8. Alla stazione di Castiglioncello Roberto incontra una ragazza di

__________.

a. Roma
b. Verona
c. Torino

9. L'ex-moglie di Bruno si chiama __________.

a. Gianna
b. Lidia
c. Clara

10. Bruno e Roberto dormono __________.

a. in una pensione
b. sulla spiaggia
c. a casa dell'ex-moglie di Bruno

Fornisci tu la risposta giusta.

1. Qual è il numero di telefono di Marcella, l'amica a cui Bruno vuole telefonare?

2. Quali sono alcuni dei temi delle canzoni di Modugno, secondo Bruno?

3. Perché al bar della stazione di servizio Roberto rimane chiuso in bagno tanto a lungo?

4. Perché al night club scoppia una rissa?

5. Chi è Bibì? Cosa dice di Roma?

6. Chi dice «La prima impressione che si ha di lui è quella giusta»? Quando?

7. In quali attività sportive si cimenta Bruno al mare?

8. Dove stanno andando Bruno e Roberto alla fine del film?

3. Dopo la visione

Confronti

Bruno e Roberto sono due individui dal carattere diametralmente opposto. Descrivi le loro personalità e fai riferimento ad almeno tre scene specifiche che confermino le tue affermazioni.

Bruno	*Roberto*
Scena 1:	Scena 1:
Scena 2:	Scena 2:
Scena 3:	Scena 3:

Lilly confessa al padre: «La mamma dice che sei nato vincitore». Secondo te, quali sono le caratteristiche di un vincitore? E quelle di un perdente?

il vincitore:

il perdente:

Filosofie di vita

I personaggi che incontriamo sembrano avere non solo caratteri diversi, ma anche modi differenti di concepire la vita. In cosa credono, secondo te, i seguenti personaggi? Quali sono i loro obiettivi nella vita, le loro speranze e le loro paure? Come li giudichi tu? Quali valori condividi con loro?

Bibì
obiettivi:

speranze:

paure:

Lilly
obiettivi:

speranze:

paure:

Gianna
obiettivi:

speranze:

paure:

Bruno
obiettivi:

speranze:

paure:

La cartina geografica

1. Aiutandoti con una cartina del Lazio e della Toscana, ricostruisci l'ordine delle diverse tappe del viaggio di Bruno e Roberto, poi riassumi cosa succede nelle varie località che visitano.

   Le tappe: campagna di Grosseto / Castiglioncello / Civitavecchia / Roma

   a.

   b.

   c.

   d.

2. Sulla stessa cartina, trova le località visitate da Lilly e dal fidanzato in macchina.

   Le località: Cècina / Forte dei Marmi / Livorno / Punta Ala / Viareggio

3. Usando Internet, trova informazioni turistiche su almeno tre delle località menzionate nell'esercizio e presenta le tue scoperte al resto della classe. Poi scegline una e progetta di passarci una settimana di vacanza. Cerca informazioni sull'ubicazione e sui costi di hotel, ristoranti, discoteche e locali notturni.

Un fotogramma da Internet

Con l'aiuto di un motore di ricerca, trova un'immagine tratta dal film, stampala e preparati a illustrarla ai tuoi compagni utilizzando la scheda 2 in fondo al libro.

La scena

Riguarda la scena in cui Bruno e Roberto si trovano presso gli zii di quest'ultimo.

1. Riassumi con parole tue la conversazione. Di cosa si sta parlando?

2. Descrivi i personaggi presenti e spiega quali sono i loro rapporti di parentela.

3. Cosa scopre Bruno, che Roberto non sa?

Spunti per la discussione orale

1. Descrivi la famiglia di Bruno. Com'è la moglie? E la figlia? Com'è il rapporto tra la madre e la figlia? E tra il padre e la figlia?

2. Bruno ti sembra un uomo responsabile? Spiega perché.

3. Come spieghi il comportamento di Bruno con le donne? Credi che avrebbe successo oggi con giovani donne del tuo paese? Perché?

4. Com'è il fidanzato di Lilly, la figlia di Bruno? Ti pare che il loro rapporto sia realistico oppure che sia una esagerazione comica? Perché?

5. «L'amore per la donna è mobile come i pianeti, l'affetto per il fratello è fermo come le stelle.» Discuti il senso di questo proverbio.

6. Cosa ti sembra di capire dell'Italia dei primi anni Sessanta, dopo aver visto questo film?

Spunti per la scrittura

1. Roberto telefona alla ragazza che ama. Scrivi il dialogo tra di loro.

2. Scrivi la lettera che Bruno spedisce ai genitori di Roberto per raccontare come ha conosciuto il loro figlio, le cose che hanno fatto insieme e per spiegare che cosa è successo.

3. Bruno telefona alla ragazza di cui Roberto era innamorato. Scrivi il dialogo tra i due.

4. Bruno viene interrogato dalla polizia subito dopo l'incidente. Fornisci la sua versione della dinamica dell'incidente.

Spunti per la ricerca

1. Gli anni del «boom» economico.

2. Le macchine sportive degli anni Sessanta.

3. Le località balneari del litorale tirrenico.

Internet

Usando un motore di ricerca, trova informazioni sugli argomenti che seguono e poi presenta alla classe i tuoi risultati.

1. Domenico Modugno e le sue canzoni. Oltre a *Volare,* quali sono stati i suoi più grandi successi?
2. *Guarda come dondolo* è il titolo di una famosa canzone di Edoardo Vianello che si ascolta nel film. Puoi trovarne il testo? Quali altre canzoni ha firmato il cantante romano?
3. Mina, una delle più grandi cantanti italiane di tutti i tempi.

4. Espansione

Al Festival di Sanremo del 1958, Domenico Modugno, fino ad allora quasi sconosciuto, vince con una canzone che diventerà famosa in tutto il mondo. Aiutandoti con un dizionario, leggi attentamente il testo di *Volare* e svolgi le attività che seguono.

Nel blu, dipinto di blu (Volare)
(F. Migliacci – D. Modugno) 1958

Penso che un sogno così non ritorni mai più:
mi dipingevo le mani e la faccia di blu,
poi d'improvviso venivo dal vento rapito
e incominciavo a volare nel cielo infinito...
volare... oh, oh!... cantare... oh, oh, oh, oh!
nel blu, dipinto di blu. Felice di stare lassù.
E volavo, volavo felice più in alto del sole ed ancora più su,
mentre il mondo pian piano spariva lontano laggiù,
una musica dolce suonava soltanto per me...
volare... oh, oh!... cantare... oh, oh, oh, oh!
Nel blu, dipinto di blu, felice di stare lassù.

Ma tutti i sogni nell'alba svaniscon perché,
quando tramonta, la luna li porta con sé
Ma io continuo a sognare negli occhi tuoi belli
che sono blu come un cielo trapunto di stelle.
volare... oh, oh!... cantare... oh, oh, oh, oh!
Nel blu degli occhi tuoi blu, felice di stare quaggiù.
E continuo a volare felice più in alto del sole ed ancora più su,
mentre il mondo pian piano scompare negli occhi tuoi blu,
la tua voce è una musica dolce che suona per me...
volare... oh, oh!... cantare... oh, oh, oh, oh!
Nel blu degli occhi tuoi blu, felice di stare quaggiù.
Nel blu degli occhi tuoi blu, felice di stare quaggiù, con te!

Vero o falso?

1. La prima parte del testo racconta un sogno fatto dal protagonista. V F
2. Il blu della prima strofa si riferisce agli occhi di una persona. V F
3. Nella seconda strofa il protagonista è portato via dal vento. V F

Domande

1. Cosa fa il protagonista nel sogno?
2. Quando svaniscono i sogni? Perché?
3. Come continua a sognare il protagonista?
4. Che differenza c'è fra la musica di cui si parla nella prima e nella seconda strofa?
5. Secondo te, di cosa parla questa canzone?
6. A quali altre canzoni che conosci potresti paragonare *Volare*?
7. Ci sono rime nel testo? Quali?
8. Che differenze ci sono tra i verbi della prima parte e quelli della seconda?

Scrittura

1. Insieme ad un compagno / una compagna, prova tu ad aggiungere un'altra strofa alla canzone.
2. Scrivi il testo di una nuova canzone con lo stesso titolo.

Approfondimenti

1. Che rapporto esiste tra una canzone come *Volare* e la musica italiana di quegli anni?
2. Che rapporto esiste tra *Volare* e la musica angloamericana di quegli anni?

Osserva e descrivi la locandina originale del film utilizzando la scheda 1 in fondo al libro.

12

Il Decameron

(*The Decameron*)

di PIER PAOLO PASOLINI (1971)

Il regista. Pier Paolo Pasolini nasce nel 1922 a Bologna. Il padre è un militare di carriera e la famiglia ne segue i continui spostamenti per l'Italia settentrionale. L'unico centro stabile dell'infanzia rimane Casarsa, in Friuli, dove Pasolini sfollerà con la madre e il fratello dopo l'armistizio del 1943. Laureatosi in lettere a Bologna nel 1945, Pasolini insegna per qualche anno e svolge attività politica aderendo anche al Partito comunista, da cui verrà espulso nel 1949. Dall'inizio degli anni '50 è stabilmente a Roma e comincia ad affermarsi come poeta e romanziere. Dal 1954 in avanti scrive o collabora alla stesura di sceneggiature per vari registi tra cui Fellini, Bertolucci, Bolognini, Rosi, Vancini e Lizzani. Nel 1961 realizza il suo primo film, *Accattone.* Seguiranno: *Mamma Roma* (1962), l'episodio *La ricotta* per il film *RoGoPaG* (1963), *Il vangelo secondo Matteo* (1964), *Uccellacci e uccellini* (1965), *Edipo re* (1967), *Teorema* (1968), *Porcile* (1969), *Medea* (1970); tra il 1970 e il 1974 uscirà la trilogia costituita da *Decameron, I racconti di Canterbury* e *Il fiore delle Mille e una notte.* Il suo ultimo film, *Salò o le 120 giornate di Sodoma,* risale al 1975. Nella notte del primo novembre dello stesso anno Pasolini viene brutalmente assassinato sul litorale di Ostia, poco distante da Roma.

La trama. Il film è una trasposizione cinematografica di alcuni episodi del capolavoro letterario di Giovanni Boccaccio, da cui Pasolini si distanzia spesso per realizzare i propri fini artistici. Un esempio di questa pratica è la vicenda dell'allievo prediletto di Giotto, assente dal testo originale del *Decameron,* che Pasolini inventa ed usa come uno dei fili conduttori che uniscono tra di loro le varie storie.

Gli interpreti principali. Franco Citti (Ser Ciappelletto), Ninetto Davoli (Andreuccio), Pier Paolo Pasolini (allievo di Giotto).

Nota culturale. Il *Decameron* di Giovanni Boccaccio, uno dei massimi capolavori della letteratura occidentale, fu scritto negli anni dell'epidemia di peste bubbonica, la famigerata Morte nera, che sconvolse gran parte dell'Europa tra il 1347 e il 1351. Il libro narra di come alcuni giovani fiorentini, sette donne e tre uomini, si rifugino in campagna per sfuggire all'imperversare del contagio. Per passare il tempo in modo dilettevole, i dieci giovani decidono di raccontare ciascuno una novella al giorno su un tema stabilito. Nell'arco di dieci giornate, da cui il titolo dell'opera, saranno così narrate cento diverse novelle.

1. Prima della visione

1. Conosci qualche scrittore italiano medievale? Chi?
2. Hai mai letto, anche solo in parte, classici della letteratura italiana in traduzione?
3. Quali secoli associ al Medioevo?
4. Cosa sai del mondo medievale?
5. Che cos'è per te una novella?

Vocabolario preliminare

l'arcivescovo	archbishop
l'avarizia	avarice / stinginess
la cavalla	mare
la coda	tail
il convento	convent
il discepolo	pupil / apprentice
la gola	gluttony
l'incantesimo	spell
la lussuria	lust
la madre superiora	mother superior
il miracolo	miracle
l'orcio	oil jar
l'ortolano	gardener
il peccato	sin
il sordomuto	deaf-mute
la suora / la monaca	nun
la tomba	tomb / grave
l'usignolo	nightingale
l'usuraio	usurer / loan shark

Completa le frasi con la parola o l'espressione giusta.

1. Nel giardino si sentono cantare gli __________.

2. Chi mangia e beve troppo commette peccati di __________.

3. Le monache vivono in un __________.

4. Chi non sente e non parla è detto __________.

5. Un grande maestro ha molti __________.

6. La persona che si prende cura di un orto è __________.

Aiutandoti con un buon dizionario, fornisci una parafrasi e una spiegazione dei due detti seguenti.

1. «Non tutto il male viene per nuocere.»

2. «Guai a chi muore in peccato mortale.»

2. Durante e dopo la visione

Vero o falso?

1. Il personaggio che compare nella prima scena si chiama Ciappelletto.	V	F
2. Andreuccio è a Napoli per comprare cavalli.	V	F
3. La donna siciliana racconta ad Andreuccio di essere sua cugina.	V	F
4. Andreuccio cade in una pozza d'acqua.	V	F
5. Per poter lavorare al convento, il giovane ortolano si finge sordomuto.	V	F
6. Il marito di Peronella torna a casa con un compratore per l'orcio.	V	F
7. Nel Nord, Ciappelletto è ospite di due usurai.	V	F
8. Dopo la morte Ciappelletto è venerato come santo.	V	F
9. Il miglior discepolo di Giotto è a Roma per dipingere una chiesa.	V	F

10. Caterina e Riccardo sono innamorati l'uno dell'altra. V F
11. I fratelli di Elisabetta uccidono Lorenzo. V F
12. Lorenzo appare in sogno a Elisabetta. V F
13. Elisabetta seppellisce la testa di Lorenzo in un vaso di rose. V F
14. La moglie di compare Pietro si chiama Gemmata. V F
15. Meuccio ha paura di commettere peccati mortali. V F
16. Tingoccio muore perché fa troppo l'amore. V F

Fornisci tu la risposta giusta.

1. Perché Andreuccio va a casa della bella siciliana?

2. Cosa propongono ad Andreuccio i due personaggi che incontra nella notte?

3. Dove e come si conclude la storia di Andreuccio?

4. Perché la madre superiora grida: «Miracolo, miracolo!»?

5. Dove nasconde il suo amante Peronella, quando ritorna il marito?

6. Quali crimini ha commesso in vita sua Ciappelletto?

7. Quali sono i peccati che invece Ciappelletto confessa al frate?

8. Quale scusa trova Caterina per poter stare con Riccardo?

9. Perché i fratelli di Elisabetta portano Lorenzo a fare una passeggiata?

10. Cosa vogliono Pietro e la moglie da don Gianni? Perché?

11. Perché l'incantesimo non funziona?

12. Quale visione ha il pittore discepolo di Giotto?

13. Cosa racconta a Meuccio lo spirito di Tingoccio?

14. Come si conclude il film?

3. Dopo la visione

Insieme ad un compagno / una compagna confronta le diverse figure di religiosi che hai incontrato, discuti se il loro comportamento è quello che ci si aspetterebbe e cerca di descrivere l'atteggiamento complessivo del film nei loro confronti.

1. Le suore del convento e la madre superiora.

2. Il confessore di Ciappelletto.

3. I frati della chiesa in cui dipinge il discepolo di Giotto.

4. Don Gianni.

Un fotogramma da Internet

Con l'aiuto di un motore di ricerca, trova un'immagine tratta dal film, stampala e preparati a illustrarla ai tuoi compagni utilizzando la scheda 2 in fondo al libro.

La scena

Riguarda attentamente la scena della confessione di Ciappelletto e rispondi alle domande che seguono.

1. Dove si svolge la scena?

2. Perché Ciappelletto decide di confessarsi?

3. Come ci viene presentato il confessore?

4. Perché il frate crede a tutto quello che Ciappelletto racconta?

5. Come si comportano i padroni di casa?

Confronta i diversi sistemi di valori.

Come giudichi tu (e come giudica il film, secondo te) le situazioni che seguono?

1. Rubare in una chiesa.

2. Fare l'amore con una suora.

3. Mentire a un confessore in punto di morte.

4. Tradire il marito.

5. Fare l'amore prima del matrimonio.

6. Uccidere qualcuno per difendere l'onore della famiglia.

7. Credere agli incantesimi.

8. Fidarsi troppo degli altri.

9. Credere ai sogni / alle visioni.

Per esprimere le tue opinioni puoi cominciare così:
Secondo me, rubare in chiesa è...
A mio modo di vedere, rubare in chiesa è...
Penso che rubare in chiesa sia...
Ritengo che rubare in chiesa non sia...

Per parlare del sistema di valori del film puoi cominciare così:
Nel film, rubare in chiesa sembra...
Il film non presenta come negativo...
Per i personaggi del film, è positivo...
Nel film, sembrerebbe che...

Un po' di aggettivi ed espressioni utili:
sacrilego divertente perdonabile / imperdonabile un crimine
la cosa più normale del mondo ammissibile / inammissibile
paradossale incredibile giustificabile / ingiustificabile
comprensibile / incomprensibile da stupidi ...

Spunti per la discussione orale

1. Come viene vista in genere la sessualità nel film?
2. In questo mondo narrativo, quali valori sono visti come positivi e quali come negativi?
3. Secondo te, perché Pasolini sceglie il dialetto per molti personaggi del *Decameron*?
4. Commenta la frase: «Perché realizzare un'opera quando è così bello sognarla soltanto?» Cosa può significare?

Spunti per la scrittura

1. Scrivi il riassunto della vicenda che più ti ha divertito. Usa almeno 300 parole.
2. Prova a raccontare tu una novella particolarmente divertente. Puoi iniziare con la formula di apertura tipica delle favole: «C'era una volta... »
3. Scrivi una recensione molto sfavorevole al film.
4. Prepara una recensione molto positiva.
5. Manda una lettera a un giornale esprimendo tutto il tuo disappunto per questo film.

Spunti per la ricerca

1. La poesia, i romanzi e la saggistica di Pier Paolo Pasolini.

2. La vita e le opere di Giovanni Boccaccio.

3. Il *Decameron* e *I racconti di Canterbury* di Geoffrey Chaucer.

Internet

Usando un motore di ricerca, trova informazioni sugli argomenti che seguono e poi presenta alla classe i tuoi risultati.

1. Franco Citti e Ninetto Davoli protagonisti dei film di Pasolini.
2. Le produzioni di Alberto Grimaldi per la regia di Pasolini.

4. Espansione

Aiutandoti con un buon dizionario, leggi attentamente il brano che segue, una riscrittura del testo originale di Giovanni Boccaccio fatta da Aldo Busi, poi svolgi le attività proposte.

Da: Busi, Aldo; Boccaccio, Giovanni. *Decamerone: da un italiano all'altro.* Milano: Rizzoli, 2003.

> Tre giovani fratelli di Messina, commercianti di mestiere, si erano ritrovati con un bel patrimonio alla morte del padre, che veniva da San Gimignano, e avevano una sorella, Lisabetta, ragazza molto bella e con la testa a posto, alla quale, chissà perché, i tre fratelli non avevano ancora trovato marito.
>
> I tre fratelli avevano in una loro bottega un giovanissimo commesso pisano di nome Lorenzo, di bell'aspetto e modi accattivanti, che si occupava di un po' di tutto, dall'acquisto alla vendita. A forza di averlo sotto gli occhi, Lisabetta stranamente se ne invaghì. Quando Lorenzo se ne accorse, cominciò una dopo l'altra a lasciare le morose che aveva in giro e a concentrarsi sul pensiero di lei; siccome l'attrazione era ormai indomabile, non ci misero molto a prender confidenza e passare all'azione.
>
> I loro interludi di sesso appassionato divennero ben presto una consuetudine divorante e sempre meno circospetta e, forse per una certa dose di incoscienza sopravvenuta, una notte accadde che il

fratello maggiore di Lisabetta la vide, a sua insaputa, mentre si dirigeva in punta di piedi verso la camera di Lorenzo. Quella rivelazione fu per lui un boccone troppo amaro da ingoiare ma, chiamato a raccolta tutto il suo buon senso, pensò che la cosa più ragionevole fosse starsene zitto e non far niente subito. Trascorse così tutta la notte a rimuginare su questo fatto increscioso e la mattina dopo raccontò ai fratelli quello che aveva scoperto fra Lisabetta e Lorenzo. Dopo una lunga discussione, decisero di passare la cosa sotto silenzio e con lei di far finta di niente, finché non si fosse presentata l'occasione giusta per troncare di netto la storia senza coinvolgere in uno scandalo né loro stessi né la sorella.

Continuarono così a ridere e a scherzare con Lorenzo come facevano di solito, finché un giorno, con la scusa di volere andare a spassarsela un po' fuori città, invitarono il ragazzo a seguirli. Durante l'allegra trasferta, capitarono in un posto isolato lontano da ogni passaggio e uccisero Lorenzo, completamente inerme e lontano mille miglia dal benché minimo sospetto, e lì lo seppellirono, senza che nessuno si accorgesse di nulla. Quando ritornarono a Messina, sparsero la voce che lo avevano mandato a sbrigare alcune commissioni. Dapprima la sua assenza non destò alcun sospetto, dato che capitava spesso che i tre fratelli lo mandassero di qui e di là come loro uomo di fiducia, ma Lorenzo non tornava più e Lisabetta, che sentiva crescere una strana nostalgia, cominciò a preoccuparsi e a fare un sacco di domande ai fratelli, finché uno di loro, esasperato dall'insistenza della sorella, le disse: «Ma si può sapere perché continui a chiedere di Lorenzo? Ti importa così tanto di lui? Se non la finisci con questo interrogatorio, ti rispondiamo noi per le rime.»

Nacque un brutto presentimento nella ragazza, che smise di fare domande e cominciò a vivere in silenzio il suo dolore e la sua tristezza, anche se spesso di notte chiamava Lorenzo a alta voce, fra i singhiozzi, lo pregava di ritornare da lei e, lungi dal rassegnarsi, non abbandonava la speranza di vederselo comparire davanti.

Una notte che Lisabetta a furia di piangere era scivolata nel sonno quasi senza accorgersene, vide in sogno Lorenzo che, pallido e stravolto e con i vestiti strappati e fradici, le diceva: «Oh, Lisabetta, tu non fai altro che chiamarmi e soffrire per la mia lunga assenza, ma io non merito le tue parole di biasimo. Io non posso più ritornare da te, perché i tuoi fratelli mi hanno ucciso quello stesso giorno che mi hai visto per l'ultima volta.» Poi le disegnò la mappa di dove l'avevano sotterrato e le chiese di non chiamarlo e di non aspettarlo più e scomparve.

Lisabetta si svegliò di soprassalto e, prestando ciecamente fede alla visione, si mise a piangere disperata.

Il giorno dopo le mancò il coraggio di affrontare i suoi fratelli, ma decise di andare comunque nel luogo indicato da Lorenzo per verificare se le silenti parole del sogno non corrispondevano alla realtà; chiese il permesso di fare una passeggiata nei dintorni di Messina con una sua vecchia tata che era al corrente di tutto. Le due donne si precipitarono sul posto, Lisabetta tolse via le foglie morte e, dove il terreno le sembrava meno duro, cominciò a scavare.

Non dovette però rimuovere molta terra per scoprire il cadavere ancora perfettamente conservato del suo infelice amante e capire che quel sogno era stata una vera e propria rivelazione. Nonostante il cuore straziato dalla pena, si rese conto che non era quello il momento di piangere, ah, se avesse potuto si sarebbe portata via il corpo intero per seppellirlo come meritava, ma era impossibile; con un coltello gli tagliò via la testa come meglio poté, la avvolse in un asciugamano, la mise in grembo alla vecchia domestica, ricoprì con la terra il resto del corpo e, senza essere vista da nessuno, ritornò a casa.

Una volta rinchiusasi in camera sua, cominciò a piangere sconsolatamente, lasciando che le lacrime scorressero sopra a lavare la testa, riempiendola di baci in ogni parte. Poi prese una bella terracotta, uno di quei vasi in cui crescono la maggiorana o il basilico, vi collocò la testa avvolta in un drappo di seta, la ricoprì di terra e vi piantò parecchi germogli di bellissimo basilico salernitano. Da quel giorno cominciò a innaffiarlo solo con acqua di rose o di fiori d'arancio oppure con le sue lacrime, e prese l'abitudine di sedersi sempre vicino a questo vaso, custode segreto del suo Lorenzo, per guardarlo con occhi persi nei chiaroscuri del rimpianto, finché non si sporgeva di nuovo sopra le piantine di basilico per bagnarle con un nuovo pianto.

Vuoi per l'assiduità delle cure di Lisabetta, vuoi perché la testa putrefatta aveva concimato la terra in modo straordinario, quel basilico diventò magnifico e profumatissimo. I vicini di casa, intanto, avevano notato le strane abitudini della ragazza e un giorno dissero ai fratelli che non riuscivano a spiegarsi dove fosse andata a finire tutta la sua bellezza, gli occhi sembravano scomparsi da tanto si erano infossati: «Guardate, noi ci siamo accorti che Lisabetta ogni giorno fa così e cosà.» I fratelli si misero allora a sorvegliarla, e siccome tutte le prediche si rivelavano inutili, decisero di sottrarle la terracotta. Quando Lisabetta scoprì che il suo basilico era scomparso, cominciò a cercarlo, ma poiché era introvabile chiese con insistenza ai suoi fratelli di restituirglielo. Fu come chiedere a un muro, e a furia di piangere e disperarsi, si ammalò, ma nemmeno durante l'infermità smetteva di chiedere la restituzione del suo vaso. I fratelli non capivano perché questo vaso fosse così importante per la ragazza e vollero vedere che cosa c'era dentro: quando rovesciarono fuori la terra, videro il pezzo di seta e la testa che vi era avvolta e, poiché non era ancora del tutto decomposta, non fecero fatica a riconoscere i riccioli di Lorenzo. I tre ci rimasero a dir poco di sasso e per paura che la faccenda diventasse di pubblico dominio, sotterrarono la testa e, senza dare alcuna giustificazione, troncarono ogni affare e si trasferirono a Napoli.

Lisabetta, invece, senza smettere di piangere e di chiedere del suo vaso, morì con le lacrime negli occhi. Ma dopo, quando la cosa si riseppe, qualcuno compose quella canzone che si canta ancora oggi e che dice:

> Ah, chi fu mai il malefico cristiano
> che mi rubò quel vaso
> del basilico amato siciliano...

Domande di comprensione

1. Di dove sono Lisabetta e suoi fratelli? E Lorenzo?
2. Che mestiere fanno i fratelli di Lisabetta? E Lorenzo?
3. Perché Lisabetta si innamora di Lorenzo?
4. Come, quando e perché il fratello maggiore di Lisabetta scopre la relazione?
5. Cosa decidono di fare in un primo tempo i fratelli, e perché?
6. Cosa fanno un giorno?
7. Perché all'inizio l'assenza di Lorenzo non desta sospetti?
8. Che cosa comincia a fare Lisabetta?
9. Come reagisce uno dei fratelli?
10. Chi vede Lisabetta in sogno una notte?
11. Cosa le dice l'apparizione?
12. Dove va Lisabetta il giorno successivo?
13. Chi accompagna la ragazza?
14. Quali azioni compie precisamente Lisabetta?
15. Cosa fa appena tornata a casa?
16. Cosa succede nei giorni successivi?
17. Come si comportano i fratelli?
18. Come reagisce Lisabetta?
19. Cosa scoprono i fratelli e cosa fanno in seguito?
20. Come finisce la storia?

Insieme a due o tre compagni / compagne discuti i seguenti punti.

1. il comportamento di Lisabetta
2. il comportamento dei fratelli
3. il significato complessivo della storia

Dal testo del Boccaccio

Erano adunque in Messina tre giovani fratelli e mercatanti, e assai ricchi uomini rimasi dopo la morte del padre loro, il qual fu da San Gimignano; e avevano una lor sorella chiamata Lisabetta, giovane assai bella e costumata, la quale, che che se ne fosse cagione, ancora maritata non aveano. E avevano oltre a ciò questi tre fratelli in uno lor fondaco un giovinetto pisano chiamato Lorenzo, che tutti i lor fatti guidava e faceva; il quale, essendo assai bello della persona e leggiadro molto, avendolo più volte Lisabetta guatato, avvenne che egli le 'ncominciò stranamente a piacere. Di che Lorenzo accortosi e a una volta e altra, similmente, lasciati suoi altri innamoramenti di fuori, incominciò a porre l'animo a lei; e sì andò la bisogna che, piacendo l'uno all'altro igualmente, non passò gran tempo che, assicuratisi, fecero di quello che più disiderava ciascuno.

E in questo continuando e avendo insieme assai di buon tempo e di piacere, non seppero sí segretamente fare che una notte, andando Lisabetta là dove Lorenzo dormiva, che il maggior de' fratelli, senza accorgersene ella, non se ne accorgesse. Il quale, per ciò che savio giovane era, quantunque molto noioso gli fosse a ciò sapere, pur mosso da più onesto consiglio, senza far motto o dir cosa alcuna, varie cose fra sé rivolgendo intorno a questo fatto, infino alla mattina seguente trapassò. Poi, venuto il giorno, a' suoi fratelli ciò che veduto avea la passata notte di Lisabetta e di Lorenzo raccontò, e con loro insieme, dopo lungo consiglio, diliberò di questa cosa, acciò che né a loro né alla sirocchia alcuna infamia ne seguisse, di passarsene tacitamente e d'infingersi del tutto d'averne alcuna cosa veduta o saputa infino a tanto che tempo venisse nel quale essi, senza danno o sconcio di loro, questa vergogna, avanti che più andasse innanzi, si potessero trarre dal viso....

Insieme ad un compagno / una compagna confronta i primi due paragrafi dell'originale trecentesco riportati qui sopra con quelli del testo letto in precedenza e prepara una lista di almeno dieci caratteristiche lessicali e sintattiche del linguaggio medievale. Poi discuti il lavoro con l'insegnante e con il resto della classe.

1.

2.

3.

4.

5.

6.

7.

8.

9.

10.

Approfondimenti

1. La produzione letteraria di Aldo Busi
2. Il *Decameron* riscritto in italiano moderno
3. Piero Chiara e le storie tratte dal *Decameron*

Osserva e descrivi la locandina originale del film utilizzando la scheda 1 in fondo al libro.

13

Mimì metallurgico ferito nell'onore

(*The Seduction of Mimì*)

di LINA WERTMÜLLER (1972)

La regista. Lina Wertmüller nasce a Roma nel 1928, si dedica al teatro fin da giovanissima e lavora, tra gli altri, con Garinei e Giovannini, celebri autori di riviste musicali, per poi passare alla RAI in veste di regista televisiva. Nel 1963 esordisce nel cinema accanto a Federico Fellini, di cui è aiuto regista durante la lavorazione di *8½*. Nello stesso anno, la Wertmüller realizza il suo primo lungometraggio, intitolato *I basilischi*. Ne seguiranno molti altri tra cui ricordiamo qui specialmente quelli degli anni Settanta: *Mimì metallurgico ferito nell'onore* (1972), *Film d'amore e d'anarchia* (1973), *Travolti da un insolito destino nell'azzurro mare d'agosto* (1974), *Pasqualino settebellezze* (1975). Questi film, interpretati da Giancarlo Giannini generalmente in coppia con Mariangela Melato, sono caratterizzati da una commistione di stili e dalla satira politica e di costume.

La trama. Per avere protestato con il suo voto nelle elezioni controllate dalla mafia, Carmelo «Mimì» Mardocheo perde il lavoro ed è costretto ad abbandonare la Sicilia e la giovane moglie. Emigrato al Nord, Mimì si scontra nuovamente con la mafia, infiltratasi fin lassù. Tuttavia, grazie alla sua dichiarata parentela con un «padrino» siciliano, Mimì ottiene un posto come operaio metallurgico qualificato. Intanto si innamora di Fiore, da cui avrà un figlio. Quando Mimì assiste involontariamente ad una sparatoria fra mafiosi, i suoi «protettori» lo trasferiscono a Catania per assicurarsi il suo silenzio. Mimì si divide quindi tra la moglie e l'amante, finendo per trascurare la prima, che viene sedotta da un altro uomo. Offeso nell'onore, Mimì si preoccupa allora di vendicarsi, compromettendo in modo irreparabile il suo rapporto con Fiore.

Gli interpreti principali. Giancarlo Giannini (Carmelo «Mimì» Mardocheo), Agostina Belli (Rosalia Capuzzo in Mardocheo), Mariangela Melato (Fiorella «Fiore» Meneghini).

Nota culturale. L'organizzazione criminale mafiosa si basa, tra le altre cose, sull'onore della famiglia e sul codice del silenzio, l'omertà, che rappresenta uno dei principali strumenti di difesa della famiglia stessa. L'educazione al silenzio e al segreto, esemplificata dal proverbio siciliano «Cu è surdu, orbu e taci, campa cent'anni 'mpaci» («Chi è sordo, orbo e tace, campa cent'anni in pace»), è infatti uno dei pilastri su cui poggia e prospera la famiglia mafiosa. L'uomo d'onore risolve le sue questioni senza ricorrere ai poteri costituiti dello stato; dunque non sarà mai un delatore e, avendo subìto un torto, si farà giustizia da solo.

1. Prima della visione

1. Con chi o con che cosa associ la parola «mafia» nella tua esperienza?
2. Potresti dire in cosa consiste «l'onore» oppure l'essere una «persona onorata» nella cultura del tuo paese?
3. Descrivi i diversi tipi di famiglia (nucleare, patriarcale, allargata...) che esistono nel tuo paese.
4. «Paese che vai, usanza che trovi»: cosa significa per te questo proverbio?

Vocabolario preliminare

il brigadiere	revenue officer
la fabbrica	factory
il galoppino elettorale	canvasser
l'impalcatura	scaffolding
l'imprenditore edile	building contractor
il neo	mole
l'operaio metallurgico	metalworker
il picciotto	youngster (Sicilian dialect)
la raffineria	oil refinery
il sindacalista	trade unionist
la sparatoria	gun battle
la zolfara	sulfur mine
mettere incinta	to get someone pregnant
rimanere incinta	to become pregnant
vendicarsi	to avenge oneself
votare	to vote

Completa le frasi con la parola o l'espressione giusta.

1. Il diritto a __________ in modo libero e segreto è alla base di una repubblica democratica.
2. In una __________ si lavora il petrolio.
3. Un operaio che lavora alla catena di montaggio in una fabbrica di automobili si chiama __________.
4. Il rappresentante dei diritti degli operai in fabbrica è un __________.
5. Una cava di zolfo è detta __________.
6. Chi investe il proprio capitale in un cantiere di costruzioni e si avvale del lavoro di alcuni dipendenti è detto un __________.
7. Un __________ è un sottufficiale della guardia di finanza oppure dei carabinieri.

Inventa una breve frase per contestualizzare le seguenti espressioni.

1. Rimanere incinta:
2. Fare il galoppino:
3. Ingaggiare una sparatoria:
4. Vendicare un'offesa:

2. Durante e dopo la visione

Vero o falso?

1. Mimì vota per il Partito comunista. V F
2. Mimì se ne va a lavorare a Milano. V F
3. Mimì chiede alla moglie di trasferirsi al Nord con lui. V F

4. Fiore si innamora di Mimì a prima vista. V F
5. Fiore è una donna poco tradizionale. V F
6. Mimì domanda il trasferimento a Catania. V F
7. Mimì torna a Catania da solo. V F
8. La moglie di Mimì rimane incinta. V F
9. Mimì corteggia la moglie di Amilcare Finocchiaro. V F
10. Mimì finisce in carcere accusato di omicidio. V F

Scelta multipla

1. Carmine Cannamozza è __________.
   a. un poliziotto
   b. un sindaco
   c. un candidato alle elezioni

2. All'inizio del film Mimì __________.
   a. sta per sposarsi
   b. è sposato senza figli
   c. è sposato con figli

3. Mimì comincia a lavorare in fabbrica per interessamento di __________.
   a. Calogero Liggio
   b. Carmine Cannamozza
   c. Salvatore Tricarico

4. Quando Mimì incontra Fiore, lei __________.
   a. vende maglioni per strada
   b. fa la commessa alla Standa
   c. fa la cameriera in un bar

5. Per conquistare Fiore, Mimì __________.
   a. canta e sospira per lei
   b. la segue e piange
   c. le scrive poesie d'amore

6. Il giorno del battesimo del figlio, Mimì viene __________.
   a. sfiorato da un proiettile
   b. derubato dai mafiosi
   c. arrestato dalla polizia

7. Rosalia informa Mimì di essere incinta __________.
   a. personalmente
   b. per mezzo di Amilcare
   c. attraverso amici comuni

8. Mimì mette incinta Amalia per __________.
   a. vendicarsi di Amilcare
   b. avere un altro figlio
   c. sbarazzarsi di Fiore

9. Quando Mimì esce dalla prigione trova ad aspettarlo __________.
   a. Vito Tricarico
   b. Fiore e Amalia con i rispettivi figli
   c. l'amico Peppino

Fornisci tu la risposta giusta.

1. Da cosa si riconoscono i mafiosi nel film?

2. Cosa succede a Nicola Sperero, il muratore che cade dall'impalcatura?

3. Qual è l'orientamento politico e ideologico di Fiore?

4. Che lavoro trova la moglie di Mimì mentre lui è al Nord?

5. Per quale motivo Mimì smette di frequentare le riunioni sindacali?

6. Cosa si sospetta a Catania circa la «debolezza» di Mimì nei rapporti intimi con sua moglie Rosalia?

7. Come è rimasta incinta Rosalia?

8. Perché alla fine del film Fiore abbandona Mimì?

3. Dopo la visione

Tra i seguenti mestieri individua quelli che esercita Mimì nel film e rimettili in ordine cronologico.

il muratore al cantiere, il sindacalista, il galoppino elettorale, il manovale in una zolfara, il cameriere in un ristorante, il cardinale, il procacciatore di lavoro abusivo, il caposquadra in una raffineria, il brigadiere della finanza, l'imprenditore edile, l'operaio metallurgico, la guardia carceraria, l'autista di camion, il capo della polizia

1. __________

2. __________

3. __________

4. __________

5. __________

Guarda la scena in cui Mimì cerca Fiore per la seconda volta. Prova a tradurre in parole il linguaggio a gesti dei protagonisti.

FIORE: «______________________________________»

MIMÌ: «______________________________________»

FIORE: «______________________________________»

MIMÌ: «______________________________________»

FIORE: «______________________________________»

MIMÌ: «______________________________________»

Un fotogramma da Internet

Con l'aiuto di un motore di ricerca, trova un'immagine tratta dal film, stampala e preparati a illustrarla ai tuoi compagni utilizzando la scheda 2 in fondo al libro.

La scena

Riguarda la scena in cui Mimì parla con Vito Tricarico, l'imprenditore edile e mafioso catanese, poi rispondi alle domande.

1. In che senso, secondo Vito Tricarico, Mimì si è dimostrato «picciotto d'onore»?

2. Cosa rimprovera Mimì a Tricarico riguardo alla «povera gente»?

3. Quali sono i «sistemi di politica» di cui parla Tricarico per spiegare che in Sicilia servono i padroni?

4. Quale significato ha la scena in cui Vito Tricarico chiede a Mimì di raccogliere una moneta da terra per lui?

Adesso reciti tu!

Insieme ad un compagno / una compagna, prepara un dialogo basato su una delle situazioni seguenti e poi recitalo davanti alla classe. Scrivi almeno otto battute per personaggio.

1. Una moglie spiega al marito di essere incinta di un altro uomo.
2. Un datore di lavoro licenzia un dipendente per il suo orientamento politico.
3. Un potente mafioso ti offre di lavorare per lui.
4. Una donna affronta una sua conoscente che è l'amante del marito.

Spunti per la discussione orale

1. Quali sono i problemi immediati di Mimì appena lascia la Sicilia per trapiantarsi in città al Nord?

2. Qual è il rapporto di Mimì con le donne del film? Potresti descrivere i modi e gli scopi del suo perseguire le figure femminili?

3. Quali sono le aspettative del giovane Peppino nei confronti dell'amico Mimì che è «uomo civilizzato» per avere vissuto e lavorato al Nord?

4. In quali settori professionali si trovano i mafiosi nel film? Esiste una gerarchia all'interno della grande famiglia mafiosa? Giustifica la tua risposta.

5. Secondo te, quale significato possono avere le note della *Traviata* di Giuseppe Verdi associate al personaggio di Fiore e quelle dell'inno nazionale *Fratelli d'Italia* che accompagnano l'apparizione dei mafiosi?

Spunti per la scrittura

1. Analizza il comportamento di Mimì nelle sequenze che culminano con la seduzione di Fiore. Poi confronta le sue azioni nelle sequenze che culminano invece con la seduzione di Amalia. Quali aspetti della sua mentalità sono messi in evidenza?

2. Fiore, Rosalia ed Amalia. Descrivi e confronta queste tre donne in bilico tra tradizione e modernità, fedeltà e trasgressione.

3. Analizza il finale del film e spiega che cosa è cambiato per i protagonisti, in particolare per Mimì, Fiore e Amalia.

4. Descrivi come è rappresentata la sessualità nel film facendo riferimenti a episodi precisi. Spiega i diversi codici di comportamento sessuale che la tradizione patriarcale prevede per l'uomo e per la donna così come emergono dal film.

5. Riassumi una scena che consideri satirica e una che consideri grottesca.

Spunti per la ricerca

1. *La Traviata* di Giuseppe Verdi.

2. *Cavalleria rusticana:* la novella di Giovanni Verga e il melodramma omonimo di Pietro Mascagni a confronto.

3. La mafia siciliana e i suoi rapporti con la politica italiana dal dopoguerra a oggi.

4. La speculazione edilizia in Italia dagli anni '60 al presente.

Internet

Usando un motore di ricerca, trova informazioni sugli argomenti che seguono e poi presenta alla classe i tuoi risultati.

1. Mariangela Melato e i diversi ruoli da lei interpretati nei film di Lina Wertmüller.
2. La carriera e i film di Giancarlo Giannini.
3. La carriera teatrale e cinematografica di Turi Ferro.
4. Goffredo Mameli e l'inno nazionale italiano *Fratelli d'Italia.*

4. Espansione

Leggi questo stralcio tratto da una serie di interviste sulla mafia rilasciate dal giudice Giovanni Falcone alla giornalista Marcelle Padovani e poi svolgi le attività che seguono.

Da: Falcone, Giovanni (in collaborazione con Marcelle Padovani). *Cose di Cosa Nostra.* Milano: Rizzoli, 1993.

Si può sorridere all'idea di un criminale, dal volto duro come la pietra, già macchiatosi di numerosi delitti, che prende in mano un'immagine sacra, giura solennemente su di essa di difendere i deboli e di non desiderare la donna altrui. Si può sorriderne, come di un cerimoniale arcaico, o considerarla una vera e propria presa in giro. Si tratta invece di un fatto estremamente serio, che impegna quell'individuo per tutta la vita. Entrare a far parte della mafia equivale a convertirsi a una religione. Non si cessa mai di essere preti. Né mafiosi.

Al momento dell'iniziazione, il candidato o i candidati vengono condotti in una stanza, in un luogo appartato, alla presenza del «rappresentante» della «famiglia» e di altri semplici uomini d'onore. Spesso, questi ultimi sono schierati su un lato, mentre gli iniziandi stanno dall'altro. A volte i candidati vengono tenuti chiusi in una stanza per alcune ore e sono poi fatti uscire uno per volta. A questo punto il rappresentante della famiglia espone ai futuri uomini d'onore le norme che regolano l'organizzazione, affermando prima di tutto che quella che comunemente viene detta mafia si chiama, in realtà, Cosa Nostra. Avverte quindi i nuovi venuti che sono ancora in tempo a rinunciare all'affiliazione e ricorda loro gli obblighi che comporta l'appartenenza all'organizzazione fra cui: non desiderare la donna di altri uomini d'onore; non rubare; non sfruttare la prostituzione; non uccidere altri uomini d'onore, salvo in caso di assoluta necessità; evitare la delazione alla polizia; non mettersi in contrasto con altri uomini d'onore; dimostrare sempre un comportamento serio e corretto; mantenere con gli estranei il silenzio assoluto su Cosa Nostra; non presentarsi mai ad altri uomini d'onore soli, in quanto le regole impongono che un altro uomo d'onore, conosciuto da coloro i quali devono mettersi in contatto, garantisca la rispettiva appartenenza a Cosa Nostra, pronunciando le parole «Quest'uomo è la stessa cosa».

Esaurita la spiegazione dei comandamenti, riaffermata dal candidato la volontà di entrare nell'organizzazione, il rappresentante invita i nuovi venuti a scegliersi un padrino tra gli uomini d'onore presenti. Ha quindi luogo la cerimonia del giuramento che consiste nel chiedere ad ognuno con quale mano spara e nel praticargli una piccola incisione sul dito indice della mano indicata, per farne uscire una goccia di sangue con cui viene imbrattata una immagine sacra: molto spesso quella dell'Annunziata, la cui festa cade il 25 marzo e che è ritenuta patrona di Cosa Nostra. All'immagine viene quindi dato fuoco e l'iniziato, cercando di non spegnerlo mentre la fa passare da una mano all'altra, giura solennemente di non tradire mai le regole di Cosa Nostra, meritando in caso contrario di bruciare come l'immagine....

Il rappresentante o capo della famiglia spiega quindi al neofita i livelli gerarchici della famiglia, della provincia e di Cosa Nostra nel suo insieme. Si sofferma sul «capo decina», il quale, come indica il titolo, è alla testa di dieci o più uomini d'onore e al quale l'iniziato farà direttamente capo. Non è ammesso nessun rapporto diretto con il rappresentante. Può tuttavia capitare, soprattutto nel Palermitano, che alcuni uomini d'onore dipendano direttamente da lui, diventando i suoi uomini di fiducia, incaricati dei compiti più delicati e segreti.

Queste sono, con piccole varianti da provincia a provincia, le regole dell'affiliazione come sono state descritte dai pentiti, anche se per necessità la cerimonia può venire abbreviata.... Non tutti possono aderire a Cosa Nostra. Quest'università del crimine impone di essere valorosi, capaci di compiere azioni violente e, quindi, di saper uccidere. Ma non è questa la qualità fondamentale. Sapere uccidere è condizione necessaria, ma non sufficiente. L'appartenenza ad un ambiente mafioso, i legami di parentela con uomini d'onore costituiscono nella fase iniziale un grande vantaggio. Tra le qualità indispensabili richieste il pentito Salvatore Contorno ricorda l'essere di sesso maschile, il non avere alcun parente in magistratura e nelle forze dell'ordine....

L'insulto più sanguinoso per un uomo d'onore consiste nell'affibbiargli l'appellativo di «sbirro» o di «infame». Ricordo in proposito che a Trapani negli anni Sessanta, agli inizi della mia carriera, durante un litigio tra Mariano Licari, boss di Marsala, e un altro mafioso, «Sei uno sbirro» gridò il primo. E l'altro ribatté: «Se io sono uno sbirro, tu sei un carabiniere a cavallo». Ho capito, in quel momento, quale viscerale avversione nutra il mafioso nei confronti dei rappresentanti dello Stato.

Decidi se le affermazioni seguenti sono vere o false e correggi quelle false.

1. Il brano tratta principalmente dell'omertà.

2. Il tono di Falcone è leggero e divertito.

3. Dopo l'iniziazione alla mafia, non se ne può più uscire.

4. Il cerimoniale per entrare nella mafia è eseguito in pubblico.

5. Una volta iniziato il cerimoniale, il candidato non può tirarsi indietro.

6. I mafiosi non possono desiderare la donna di altri uomini.

7. I mafiosi hanno l'autorizzazione a uccidersi fra loro.

8. I mafiosi non devono avere atteggiamenti chiassosi e sopra le righe.

9. Il giuramento si suggella con il sangue e con il fuoco.

10. Cosa Nostra condanna le pratiche della religione cattolica.

11. Cosa Nostra è un'organizzazione fortemente gerarchica.

12. Il cerimoniale iniziatico si conosce grazie alle testimonianze dei pentiti.

13. Chiunque abbia coraggio e serietà può diventare un mafioso.

14. Il mafioso rispetta profondamente le forze dell'ordine.

Confrontando le informazioni contenute nella lettura e il contegno di Mimì nel film, potresti indicare due episodi in cui, rispettivamente:

1. Mimì si comporta in modo conforme alle regole della mafia.

2. Mimì si comporta in modo contrastante con le regole della mafia.

Approfondimenti

1. La vita e la carriera del giudice Giovanni Falcone, assassinato il 23 maggio 1992.
2. La vita e la carriera del giudice Paolo Borsellino, assassinato il 19 luglio 1992.
3. Lo stato e la lotta contro la mafia.

Osserva e descrivi la locandina originale del film utilizzando la scheda 1 in fondo al libro.

14

Una giornata particolare

(*A Special Day*)

di ETTORE SCOLA (1977)

Il regista. Ettore Scola nasce a Trevico in provincia di Avellino nel 1931. Ancora bambino si trasferisce a Roma con la famiglia, dove frequenterà la facoltà universitaria di giurisprudenza. In seguito, comincia a scrivere sceneggiature in collaborazione con Ruggero Maccari, attività che culmina nel 1962 con il copione per *Il sorpasso* di Dino Risi. Scola firma la sua prima regia nel 1964 con il film a episodi *Se permettete parliamo di donne* e nell'arco della sua lunga carriera realizza oltre trenta lungometraggi, molti dei quali si aggiudicano premi cinematografici. Tra i suoi film più conosciuti ricordiamo: *C'eravamo tanto amati* del 1974, che ripercorre trent'anni di storia attraverso le vicende di tre amici; *Una giornata particolare* del 1977, vincitore nel 1978 del premio David di Donatello per la migliore regia e del César come miglior film straniero; *La famiglia* del 1986, film pluripremiato che racconta le vicissitudini generazionali dei diversi membri di una famiglia borghese romana. I lavori più recenti di Scola sono *Concorrenza sleale* del 2001 e *Gente di Roma* del 2003.

La trama. Il giorno 6 maggio 1938 la Roma fascista celebra la visita di Hitler a Mussolini. Da un grande caseggiato popolare in tipico stile littorio sciamano gli inquilini per partecipare in massa alla parata che festeggia l'evento. Fanno eccezione i due protagonisti: Antonietta, moglie di uno squadrista e madre di famiglia, relegata in casa dagli obblighi domestici, e Gabriele, un suo vicino di casa, che, dopo aver perso il lavoro a causa della propria omosessualità, è in attesa di essere prelevato dalla polizia.

Gli interpreti principali. Marcello Mastroianni (Gabriele), Sophia Loren (Antonietta).

Nota culturale. L'alleanza tra Italia e Germania nasce con l'Asse Roma-Berlino il 24 ottobre 1936, quando entrambi i paesi si impegnano a combattere il bolscevismo russo e a sostenere la milizia spagnola in rivolta contro il governo democratico. Nel settembre 1937 Mussolini visita Hitler in Germania, dove viene accolto in maniera trionfale e assiste con particolare ammirazione alle cerimonie naziste, la cui regia è accuratamente studiata. Così, quando Hitler ricambia la visita il 6 maggio 1938, Mussolini lo accoglie con una grandiosa parata militare in cui, come di regola, l'Italia fascista si propone quale erede delle glorie dell'antico impero romano. Il 22 maggio 1939 Hitler e Mussolini firmano il Patto d'acciaio e il primo settembre 1939 la Germania invade la Polonia, decretando il principio della Seconda guerra mondiale. Il 10 giugno 1940 l'Italia entra in guerra accanto alla Germania.

1. Prima della visione

1. Descrivi la tua famiglia: quanti siete?
2. Descrivi i tuoi vicini di casa: li conosci tutti bene?
3. Descrivi una manifestazione pubblica o una parata a cui hai partecipato.

Vocabolario preliminare

l'adunata	muster / gathering
l'annunciatore radiofonico	radio newscaster
le «camicie nere»	("black shirts") fascists
il caseggiato	tenement hall
il confino	political confinement
il disfattista	defeatist
il duce	leader (used only for Mussolini)
l'inquilino	tenant
il lume	lamp
la maina	mynah bird
il monopattino	scooter
il pappagallo	parrot
la portiera	concierge, janitor
lo scapolo	bachelor
lo scherzo	joke

la scossa	electric shock
la sfilata	parade
il sovversivo	subversive
la tessera del partito	party card
macinare	to grind
sbagliarsi	to make a mistake

Trova l'intruso

Per ogni parola a sinistra ci sono sulla destra due sinonimi e un intruso. Segnala la parola sbagliata con un cerchio.

1. il caseggiato	il palazzo, l'edificio, la fabbrica
2. il lume	la lampadina, il rubinetto, la luce
3. la maina	il pappagallo, l'aquila, la cocorita
4. la sfilata	la parata, l'associazione, la rassegna
5. il confino	l'esilio, la frontiera, il bando
6. l'inquilino	l'affittuario, il locatario, il proprietario
7. il sovversivo	l'originale, il rivoluzionario, il sedizioso

Come si chiamano?

1. Una persona che sorveglia l'entrata di un palazzo: ___________

2. Un uomo celibe, non sposato: ___________

3. Un raduno di persone disposto da un'autorità politica: ___________

4. Un'azione poco seria che intende far ridere: ___________

5. Una persona che lavora parlando alla radio: ___________

6. Una persona sfiduciata e pessimista: ___________

7. I fascisti: ___________

8. Mussolini, il capo del fascismo: ___________

2. Durante e dopo la visione

Vero o falso?

1. La storia inizia alle otto del mattino.	V	F
2. Il padre di famiglia si asciuga le mani sul vestito della moglie.	V	F
3. Antonietta ha sette figli.	V	F
4. Rosmunda, la maina, esce dalla gabbia.	V	F
5. Antonietta conosce bene l'inquilino del sesto piano.	V	F
6. Gabriele regala ad Antonietta un quadro.	V	F
7. La portiera suona il campanello di Antonietta due volte.	V	F
8. Antonietta ha una grande ammirazione per Mussolini.	V	F
9. Gabriele ripara il lume della cucina a casa di Antonietta.	V	F
10. Gabriele fa degli scherzi ad Antonietta.	V	F
11. Antonietta crede che Gabriele voglia sedurla.	V	F
12. La portiera confida ad Antonietta che Gabriele è omosessuale.	V	F
13. Gabriele chiede scusa ad Antonietta.	V	F
14. Antonietta ha preparato una cena fredda per la sua famiglia.	V	F

Scelta multipla

1. Alla mattina, Antonietta trova nel letto del figlio più grande __________.
   a. un giornale a fumetti
   b. un libro illustrato
   c. un foglio con foto di donne nude

2. Appena alzato dal letto, il marito di Antonietta __________.
   a. beve il caffè
   b. fa ginnastica
   c. va in bagno

3. Gabriele aiuta Antonietta a recuperare la maina con __________.
   a. una scopa
   b. una pala
   c. un ombrello

4. Al telefono, Gabriele parla con __________.
   a. uno sconosciuto
   b. un parente
   c. un amico

5. Gabriele insegna ad Antonietta come __________.
   a. ballare la rumba
   b. piegare i lenzuoli
   c. macinare il caffè

6. Antonietta ha eseguito un ritratto del duce usando __________.
   a. i pastelli
   b. i bottoni
   c. il ricamo

7. Quando va in bagno, mentre Gabriele resta in salotto, Antonietta __________.
   a. si mette il rossetto
   b. si mette le scarpe
   c. si cambia le calze

8. Alla fine dell'incontro sulla terrazza tra Gabriele e Antonietta, lui __________.
   a. urla e l'insulta
   b. la schiaffeggia e la picchia
   c. la bacia e l'abbraccia

9. Per pranzo, Gabriele e Antonietta mangiano __________.
   a. una minestra
   b. una pastasciutta
   c. una frittata

10. Alla fine della giornata, Gabriele parte __________.
    a. per un viaggio d'affari
    b. per una vacanza
    c. per il confino

Fornisci tu la risposta giusta.

1. Che cosa fanno i figli di Antonietta a casa prima dell'adunata? Fai alcuni esempi.

   a.

   b.

   c.

2. All'inizio del film, Gabriele stava per «commettere una sciocchezza», quale?

3. Quali sono due scherzi che Gabriele fa ad Antonietta?

   a.

   b.

4. Cosa racconta Gabriele di sua madre?

5. Quale lavoro faceva Gabriele prima? Come si mantiene adesso?

6. Quali particolari confida Antonietta a Gabriele circa la fedeltà di suo marito?

   a.

   b.

3. Dopo la visione

Chi dice le frasi seguenti e in quale contesto?

1. «Di mamma ce n'è una sola.»

2. «L'ordine è la virtù dei mediocri.»

3. «Meglio sole che male accompagnate.»

4. «Voi uomini siete tutti uguali.»

5. «Ti obbligano a vergognarti di te stesso, a nasconderti.»

6. «A un ignorante puoi fare qualunque cosa perché non c'è rispetto.»

Opinione del regime

Nel film sono messe in rilievo alcune prescrizioni e idee imposte e diffuse dal regime fascista. Facendo riferimento diretto al film, indica se le frasi seguenti sono corrette oppure no.

1. È sano fare ginnastica.	Sì	No
2. È consigliabile usare parole straniere.	Sì	No
3. È illecito frequentare prostitute.	Sì	No
4. È conveniente essere celibi.	Sì	No
5. È bene fare tanti figli.	Sì	No
6. È obbligatorio darsi del «Lei».	Sì	No
7. È giusto che le donne abbiano una venerazione per il duce.	Sì	No
8. È possibile che le donne siano dei geni.	Sì	No
9. È inammissibile che gli uomini non siano virili.	Sì	No
10. È vietato ascoltare la radio.	Sì	No

Un fotogramma da Internet

Con l'aiuto di un motore di ricerca, trova un'immagine tratta dal film, stampala e preparati a illustrarla ai tuoi compagni utilizzando la scheda 2 in fondo al libro.

La scena

Guarda attentamente la sequenza di cui segue il dialogo e inserisci le parole mancanti.

Gabriele sfoglia l'albo con le foto di Mussolini ritagliate dai giornali.

ANTONIETTA: Vi piace il mio albo?

GABRIELE: Ah, è suo? Credevo che fosse di uno dei suoi __________.

ANTONIETTA: No, no; mio, mio. Vi piace?

GABRIELE: Sì! Bel cavallo, guardi!

ANTONIETTA: Eh, quello è Ned. Ne tiene tre: Ned, Aprile e Frufru. Quanto __________?

GABRIELE: Tre, eh, no, due, grazie... Si dice che ogni __________ spezzi le reni di un cavallo e la sera quelle di una donna. Poveri cavalli... e povere donne!

ANTONIETTA: Eh, ne dicono tante su di lui.

GABRIELE: Mmm, buono. Ha fatto bene a non accettarlo a casa mia.

ANTONIETTA: Lo sapete che io una volta, quattro anni fa, l'ho incontrato? A tu per tu...

GABRIELE: __________? E dove?

ANTONIETTA: A Villa Borghese. Lui passava a cavallo. Io mi fermai e lui, al galoppo, mi lanciò uno sguardo. Diventai tutta una __________. Stavo con la borsa della spesa, figuratevi. Mi sentii le gambe spezzate. Poi mi incominciò a girare, a girare, a girare tutto intorno e... caddi a terra __________.

GABRIELE: Con uno sguardo lanciato al __________?!

ANTONIETTA: Alcuni passanti mi aiutarono e, come Dio volle, raggiunsi la circolare. Quello stesso giorno scoprii che ero __________ di Littorio.

Rispondi alle domande basate sul dialogo precedente.

1. Dove sono e cosa stanno facendo i due protagonisti durante questa conversazione?

2. Secondo te, perché Antonietta ha messo insieme questo albo?

3. Quale aneddoto riguardante Mussolini riporta Gabriele?

4. Per quale motivo credi che Antonietta racconti a Gabriele del suo incontro con Mussolini?

5. Con quale scelta di parole e con quale tono Antonietta riferisce di questo incontro?

6. Cosa scopre Antonietta subito dopo avere incontrato il duce?

7. Qual è l'opinione generale che Antonietta ha di Mussolini?

8. Secondo te, a cosa pensa Gabriele ascoltando le parole di Antonietta?

Spunti per la discussione orale

1. Descrivi Antonietta: a quale classe sociale appartiene? In cosa consiste la sua vita quotidiana? È una vita di soddisfazioni o di privazioni?
2. Descrivi Gabriele: qual è, secondo te, la sua estrazione sociale? Che cosa lo tormenta? Per quale motivo non vuole trascorrere la giornata da solo ma cerca la compagnia di Antonietta?
3. Descrivi la portiera: qual è il suo ruolo nella vicenda?
4. Descrivi Emanuele, il marito di Antonietta, contrapponendolo a Gabriele.
5. Qual è l'effetto della radiocronaca che fa da sottofondo all'intera vicenda narrata dal film?
6. Descrivi gli interni e gli oggetti che caratterizzano questi ambienti. Quale impressione intendono trasmettere? Quali sono i toni di colore che dominano le scene del film?

Spunti per la scrittura

1. Analizza il personaggio di Antonietta: dove vive e con chi, come trascorre le giornate, com'è il suo matrimonio, qual è il suo passatempo preferito. Per quali motivi è attratta da Gabriele? Si sentirà cambiata in seguito all'incontro con lui? Fai alcuni esempi.

2. Analizza il personaggio di Gabriele: in che modo vive la sua omosessualità? Quali cambiamenti di umore si alternano in lui nella medesima giornata? Cosa cambia per lui l'incontro con Antonietta?

3. Descrivi il rapporto tra Antonietta e Gabriele: cosa cercano rispettivamente l'uno nell'altra? Quali aspetti della loro storia umana privata emergono in contrapposizione alla storia ufficiale, quel giorno?

4. Nel film ci sono alcune frasi tipiche della propaganda fascista, come quelle citate nell'albo di Antonietta. Per esempio: «Donne fasciste, dovete essere le custodi del focolare» ed anche «l'uomo non è uomo se non è marito, padre, soldato»; o ancora «inconciliabile con la fisiologia e la psicologia femminile, il genio è soltanto maschio». Commenta queste frasi alla luce del film.

5. Facendo precisi riferimenti al film, spiega in che modo viene rappresentata la condizione delle donne e degli omosessuali durante il fascismo.

6. Quali momenti o immagini del film ti hanno colpito di più? Descrivili in dettaglio e spiega le ragioni della tua scelta.

Spunti per la ricerca

1. Confronta gli aspetti del fascismo presenti in questo film con quelli che emergono da *Amarcord* di Federico Fellini (1974).

2. Compila una breve biografia di Benito Mussolini.

3. Nel film viene dato particolare rilievo alla preparazione del caffè. Fai una ricerca sulla storia del caffè nella cultura italiana.

Internet

Usando un motore di ricerca, trova informazioni sugli argomenti che seguono e poi presenta alla classe i tuoi risultati.

1. Trova il testo dell'inno *Giovinezza* e analizzalo parallelamente a qualche altro canto dello stesso periodo.
2. Trova delle immagini di edifici italiani e romani in particolare, costruiti in stile littorio e fanne una descrizione. Ti piace questo stile?
3. Il personaggio di Maria Luisa (una delle figlie di Antonietta) nel film è interpretato da Alessandra Mussolini, la nipote di Benito Mussolini. Fai una ricerca su di lei e riporta le informazioni che hai ottenuto.

4. Espansione

Leggi attentamente il testo seguente e rispondi alle domande che seguono.

Da: Dogliani, Patrizia. *L'Italia fascista 1922–1940.* Milano: Sansoni, 1999.

Fascismo e omosessualità

La punibilità [dell'omosessualità] fu quindi affidata all'applicazione del testo unico di Pubblica sicurezza, emendato e riorientato nei confronti del nuovo Codice di procedura penale nel 1931, che dava alla Polizia la facoltà di emarginare dalla società, tramite le misure della diffida, dell'ammonizione, e dei conseguenti domicilio coatto e confino, coloro che costituivano motivo di scandalo per la società e per il regime. Si instaurava così una complessa collaborazione, che si muoveva su una «doppia morale», tra Chiesa cattolica e fascismo. La prima aveva riaffermato, con l'enciclica *Casti connubi,* che l'atto sessuale era finalizzato solo alla procreazione. Il fascismo invece riteneva che il suo stile di vita fosse sufficiente per rafforzare l'identità virile dell'uomo italiano: di padre, marito-amante e combattente; e anche, per «naturali» e riconosciuti impulsi, celebrato frequentatore di postriboli e di talami altrui. Il fenomeno dell' omosessualità era considerato marginale, ricollegato a una distorta pratica della prostituzione e alla passività sessuale, e pertanto alla femminilizzazione di un'estrema minoranza di maschi. Di conseguenza, l'omosessualità era considerata l'opposto della virilità e una perversione maschile....

Fino a oggi sono stati accertati solo dieci casi di condanna al confino politico di omosessuali tra il 1928 e il 1936, mentre tra il 1938 e il 1943 furono circa trecento coloro che vennero inviati al confino, sia politico che comune, e altrettanti furono gli ammoniti: 67 furono i confinati politici conosciuti tra il 1938 e il 1941; 250 i confinati comuni, giudicati in particolare tra il 1940 e il 1942. Essi presero la via delle isole della Sicilia (Ustica, Favignana, Lipari, Pantelleria, Lampedusa), nelle quali il regime recluse progressivamente i delinquenti comuni e mafiosi, e delle Tremiti, che accoglievano anche i politici....

I procedimenti aumentarono comunque su tutto il territorio nazionale con il 1938, probabilmente come riflesso della politica razziale e discriminatoria. Tuttavia, la natura del reato, e pertanto la sua punibilità, rimase imprecisata. Tra il 1938 e il 1939, 64 casi di «pederastia», come allora veniva chiamato impropriamente il «vizio», vennero giudicati come politici e pertanto condannati al confino politico (in maggioranza da scontare a San Domino nelle Tremiti) rispetto ai 10 casi classificati come «politici» tra il 1928 e il 1937. Dal 1940 la tendenza ritornò a essere quella di rubricarli tra i criminali comuni....

Attività

1. Su una cartina dell'Italia, individua le isole della Sicilia nominate nel testo e l'arcipelago delle isole Tremiti.
2. Collega la parola della colonna a sinistra con il sinonimo appropriato a destra.

coatto	maschio
postribolo	letto
talamo	omosessualità
virile	rimproverato
ammonito	obbligato
pederastia	bordello

Domande di comprensione e di analisi del testo

1. Quale potere dava alla polizia il Codice di procedura penale del 1931?
2. Che cos'era e di cosa trattava *Casti connubi?*
3. In che cosa consisteva l'identità virile dell'uomo italiano, secondo il fascismo?
4. Come era considerata l'omosessualità dal fascismo?
5. Cosa aumentò tra il 1938 e il 1943? In quale misura?

6. Quali altre persone venivano mandate al confino?
7. Cosa significa che, tra il 1938 e il 1939, 64 casi di «pederastia» vennero giudicati come politici? Cosa era cambiato rispetto al periodo tra il 1928 e il 1937? E rispetto al periodo successivo al 1940?
8. Quali sono i dettagli descritti in questo testo che sono resi particolarmente espliciti nel film?

Osserva e descrivi la locandina originale del film utilizzando la scheda 1 in fondo al libro.

15

Tre fratelli

(*Three Brothers*)

di FRANCESCO ROSI (1981)

Il regista. Francesco Rosi nasce a Napoli nel 1922 e si avvicina al cinema lavorando come assistente al fianco di registi come Visconti, Antonioni e Monicelli. Il suo primo film è *Salvatore Giuliano* (1961), sulle vicende del bandito siciliano ricostruite mescolando fantasia e documenti reali. A questo lungometraggio fanno seguito *Le mani sulla città* (1963), sulla speculazione edilizia a Napoli; *Il caso Mattei* (1972), sulla figura dell'imprenditore petrolifero e presidente dell'Ente Nazionale Idrocarburi; *Cristo si è fermato a Eboli* (1979), tratto dal romanzo omonimo di Carlo Levi e *Tre fratelli* (1981), vincitore di tre Nastri d'argento. Tutti i film di Rosi sono contraddistinti da uno sforzo di indagine documentaristica e di riflessione storica.

La trama. I tre fratelli Giuranna, Raffaele, Rocco e Nicola, che vivono rispettivamente a Roma, a Napoli e a Torino, ritornano al paese di origine nel Meridione per il funerale della madre. Attraverso i problemi collegati alle attività lavorative e alla situazione familiare di ognuno di loro, si aprono altrettante finestre su diversi aspetti della vita politica e sociale dell'Italia degli anni Settanta, i cosiddetti «anni di piombo», segnati dalle lotte operaie e dagli attentati terroristici.

Gli interpreti principali. Philippe Noiret (Raffaele Giuranna), Michele Placido (Nicola Giuranna), Vittorio Mezzogiorno (Rocco Giuranna).

Nota culturale. In Italia si comincia a parlare di terrorismo con la strage di Piazza Fontana a Milano nel 1969, quando una bomba esplode nella Banca dell'Agricoltura provocando 16 vittime. L'obiettivo dell'atto criminoso, attribuito all'eversione neofascista, sembra essere quello di voler destabilizzare il sistema politico e portare all'instaurazione di misure fortemente repressive anche nei confronti delle lotte sindacali e delle proteste sociali di quegli anni. Alla stessa matrice terroristica è da ricondurre la strage provocata dall'esplosione di una bomba alla stazione di Bologna il 2 agosto 1980 in cui perdono la vita 85 persone. Nei primi anni Settanta iniziano la loro attività le Brigate Rosse (BR), un gruppo terroristico di ispirazione comunista. Le BR agiscono dapprima sequestrando imprenditori e magistrati, poi uccidendo figure di spicco per l'impegno politico e sociale. Fra queste ricordiamo l'operaio genovese Guido Rossa (1979) e il giudice milanese Emilio Alessandrini (1979), ma soprattutto Aldo Moro, ex-capo del governo e uno dei maggiori esponenti della Democrazia cristiana, rapito e ucciso dopo una prigionia durata cinquantacinque giorni (1978).

1. Prima della visione

1. Quali sono alcune differenze tra la vita in città e quella in campagna?
2. Conosci alcune città industriali nel tuo paese? Quali sono le fabbriche più importanti e cosa producono?
3. Come potresti definire uno sciopero, un corteo, un picchetto? A che cosa servono, secondo te?
4. Che cosa intendi per terrorismo? Quali atti terroristici sono accaduti nel tuo paese?

Vocabolario preliminare

l'assenteismo	absenteeism
l'assistente sociale	social worker
l'esproprio proletario	expropriation by the people
il giudice	judge
il granaio	barn
l'indagine	investigation
le minacce	threats
il picchetto	picket
il processo	trial
il riformatorio	reformatory
lo sciopero	strike
il terrorista	terrorist
il testimone	witness
la veglia funebre	wake

Collega le parole della colonna a sinistra con la corretta definizione a destra.

il riformatorio	luogo di produzione industriale
il granaio	luogo di riabilitazione per minorenni criminali
il testimone	magistrato che presiede a un processo
la fabbrica	luogo dove si ammassano grandi quantità di cereali
il giudice	persona specializzata che lavora per un ente assistenziale
l'assistente sociale	persona che ha visto qualcosa coi propri occhi

Completa le frasi con la parola o l'espressione giusta.

1. Durante una __________, le persone pregano e piangono in presenza di un loro caro che è morto.
2. Durante lo sciopero alcuni operai hanno fatto un __________ per impedire agli altri di entrare in fabbrica e lavorare.
3. Se un lavoratore non si presenta sul posto di lavoro senza una scusa valida, pratica quello che si definisce __________.
4. Se un testimone riceve __________, può essere intimidito e rinunciare a testimoniare durante un processo.
5. La polizia conduce una __________ per potere identificare il colpevole di un crimine.
6. Gli estremisti che sottraggono merci da un negozio adducendo motivi politici, praticano il cosiddetto __________.

2. Durante e dopo la visione

Vero o falso?

1. Il primo personaggio, l'uomo con gli occhiali, lavora in un ospedale. V F
2. Il vecchio cattura un coniglio in campagna. V F
3. Il vecchio spedisce tre telegrammi dall'ufficio postale. V F
4. Il giudice deve pensare se accettare un nuovo incarico di lavoro. V F
5. Marta non vede il nonno da quando aveva quattro anni. V F
6. Durante la veglia funebre, il giudice va al bar. V F
7. Un tempo Rosaria era la fidanzata di Nicola. V F
8. Nicola rischia di perdere il lavoro perché è assenteista. V F
9. Rocco non è sposato. V F
10. Il nonno accompagna la moglie al cimitero insieme ai figli. V F

Scelta multipla

1. All'inizio del film Rocco esce per parlare con __________.
   a. un brigadiere
   b. un prete
   c. un collega

2. La moglie del giudice crede che per suo marito il pericolo sia una fonte di __________.
   a. abbattimento
   b. stress
   c. eccitazione

3. Quando Rocco arriva, le donne accanto a sua madre stanno __________.
   a. piangendo
   b. pregando
   c. chiacchierando

4. Il nonno dice alla nipotina che la nonna aveva promesso di lasciarle __________.
   a. un anello
   b. un paio di orecchini
   c. una collana

5. Il giudice va a trovare Filumena che è la sua vecchia __________.
   a. balia
   b. zia
   c. madrina

6. Il marito di Rosaria lavora in __________.
   a. America
   b. Brasile
   c. Germania

7. Il giorno in cui si sono sposati la nonna e il nonno è venuta __________.
   a. la neve
   b. la pioggia
   c. la grandine

8. Sulla spiaggia, la nonna ha perduto __________.
   a. un orecchino
   b. una moneta d'oro
   c. la fede nuziale

9. Raffaele, il giudice, e Nicola discutono di __________.
   a. lotte sindacali e violenza
   b. terrorismo e giustizia
   c. soldi ed eredità

10. Il giorno del funerale, Rocco si sveglia con __________.
   a. il fischio del treno
   b. il suono delle campane
   c. il verso degli animali

Fornisci tu la risposta giusta.

1. In quale struttura lavora Rocco esattamente?

2. Perché il giudice collega di Raffaele abbandona il lavoro?

3. Qual è il mestiere di Nicola?

4. Qual è il testo del messaggio che il vecchio invia ai figli?

5. Quale episodio della sua infanzia ricorda Rocco durante la veglia funebre?

6. Che cosa chiedono i paesani al giudice quando si trova al bar?

7. Perché il nonno non ha bisogno di puntare la sveglia?

8. Che cosa guarda Raffaele prima di addormentarsi?

9. Che cosa legge Rocco prima di addormentarsi?

10. Che cosa fa il nonno nell'ultima scena del film?

3. Dopo la visione

Per ognuno dei tre fratelli, fornisci le informazioni richieste.

Raffaele

Situazione familiare:

Situazione lavorativa:

Sogno nella notte della veglia funebre:

Rocco

Situazione familiare:

Situazione lavorativa:

Sogno nella notte della veglia funebre:

Nicola

Situazione familiare:

Situazione lavorativa:

Sogno nella notte della veglia funebre:

Chi dice le frasi seguenti e in quale contesto?

1. «Sono mesi che non dormo, ma non c'è niente da fare, è una condanna a morte.»

2. «Non accettare questo nuovo incarico, rifletti!»

3. «In Italia fra istituzioni, gruppi dirigenti e popolo non ci sono rapporti.»

4. «Bisogna cambiare il cuore dell'uomo... sennò i topi ci invaderanno.»

5. «Ho capito che il paese non c'entrava più niente con me, né io con lui.»

6. «Non ci andiamo a casa senza trovarla, hai capito? Sta' tranquilla!»

Tutte le frasi seguenti sono di Raffaele Giuranna, il magistrato. Prova a ricordare in quale contesto sono state pronunciate.

1. «Fare il personaggio sicuro non vuol dire necessariamente che uno è forte.»
2. «Il terrore è... la sostituzione della persuasione con la paura.»
3. «Il guaio è che oggi tutti sono convinti di agire con pieno diritto e per ragioni ideali.»
4. «Fra terroristi rossi e neri ormai in galera ce ne sono migliaia. I più hanno vent'anni, davanti a loro hanno una vita.»
5. «Se lo stato democratico salta, tutto salta e anche la possibilità di creare un mondo migliore.»

Un fotogramma da Internet

Con l'aiuto di un motore di ricerca, trova un'immagine tratta dal film, stampala e preparati a illustrarla ai tuoi compagni utilizzando la scheda 2 in fondo al libro.

La scena

La discussione tra Raffaele e Nicola

Prima parte. Guarda la sequenza, riempi gli spazi vuoti con la parola mancante e rispondi alle domande di comprensione.

NICOLA: Non so se hai visto quel film, come si chiamava... *Trevico-Torino*... Sembra che il regista che l'ha fatto, l'ha fatto pensando a me. Allora Torino faceva paura, sai, così grande, così fredda, chiusa verso noi meridionali. Per carità, non voglio dare tutta la colpa ai torinesi perché pure noi che arrivavamo con il nostro carico di __________... E non era facile, sai, trovare un buco per dormire, un alloggio... Ma poi finalmente sono entrato nella grande __________. Prima come allievo operaio in verniciatura, e in quel settore, non ci voleva lavorare nessuno. Naturalmente ci mettevano i nuovi arrivati. Sembrava di stare all' __________, con tutti quei veleni, le puzze, i rumori. Fuori, intanto, ci stavano le lotte dell' __________ caldo ed è chiaro che scioperi per migliorare l'ambiente ne ho fatti anch'io. E qualche fastidio alla ditta l'ho dato, non dico di no. E se c'era da __________ con qualche capo, non mi tiravo certo indietro. Ma questa è violenza, secondo te? E allora la violenza della catena di __________, dove la mettiamo? Lo vuoi sapere perché mi vogliono mettere fuori? Perché vogliono eliminare tutti quelli che discutono, che non vogliono _________ la testa e che danno fastidio. Comunque non ho mai pensato che per cambiare le cose bisogna _________ alle persone.

RAFFAELE: Senti, Nicola, tra noi ci sono più di vent'anni di differenza. Oltretutto ci siamo persi di vista, così fatico a capire cosa sei diventato, credo a tutto quello che mi dici. Credo anche però che, se minacciano di licenziarti, devono avere una ragione. Se ne dovrà occupare la magistratura del lavoro e in quel caso io vedrò, me ne informerò. Ricordati però che quando si teorizza il «rifiuto del lavoro» e lo si mette in _________, perché è di questo che si tratta, bisogna prevederne le conseguenze.

NICOLA: Le conseguenze sarebbero un lavoro più umano, meglio distribuito, cioè meno disoccupati. Il rifiuto del lavoro non è l'assenteismo o il darsi malati.

RAFFAELE: Può darsi, ma da quando ci sono state le minacce di licenziamento, l' _________ è diminuito. Comunque, con quelle utopie si creano degli spostati. È un veleno che si attacca alle piante giovani.

1. Com'era la città di Torino verso gli immigrati del Sud?
2. Che tipo di lavoro vi ha trovato Nicola? Descrivilo.
3. Qual è il problema di Nicola ora? Suo fratello Raffaele può aiutarlo?
4. Che cosa pensa Raffaele circa il «rifiuto del lavoro»?

Seconda parte. Guarda attentamente la sequenza e poi decidi se rispondere sì o no alle affermazioni seguenti.

1. Nicola ha partecipato a lotte, picchetti e cortei. Sì No
2. Raffaele non crede nella legittimità dei cortei con l'autodifesa e con gli espropri proletari. Sì No
3. Nicola non crede nell'uso della violenza come arma sindacale. Sì No
4. Nicola sostiene che anche in America e in Russia la lotta operaia ha causato la morte in fabbrica dei capi reparto. Sì No
5. Raffaele accusa Nicola di essere un terrorista. Sì No
6. Raffaele vuole diventare un eroe. Sì No
7. Nicola non accetta di perdonare le persone responsabili di avere creato distruzione morale e sbandamento politico. Sì No
8. Nicola è pronto a sparare per risolvere i problemi della vita in fabbrica. Sì No

Spunti per la discussione orale

1. In che modo è presentata la contrapposizione tra città e campagna nel film? Cosa le contraddistingue rispettivamente?
2. Che cosa può significare, secondo te, il ritorno dei tre fratelli al paese natale?
3. Analizza le diverse tipologie della famiglia confrontando la situazione di nonno Donato e quella dei suoi figli.
4. Descrivi le scoperte e i giochi di Marta, bambina di città, durante la sua visita al paese del nonno paterno.
5. Com'è il rapporto tra il nonno e Marta? Che cosa possono offrire l'uno all'altra?

Spunti per la scrittura

1. Analizza i diversi modi in cui la violenza caratterizza la vita e le attività professionali di ognuno dei fratelli.
2. Descrivi le figure femminili che appaiono nel film e commenta il loro ruolo.
3. Immagina di essere un giornalista e di dovere scrivere un articolo sul giudice Raffaele Giuranna che è rimasto vittima di un attentato terroristico.
4. Nicola è ormai vecchio e in pensione. Immagina che racconti ai suoi nipoti, i figli di Marta, la storia della sua vita. Scrivi il racconto in prima persona.

Spunti per la ricerca

1. La figura e l'importanza storica di Masaniello.
2. La criminalità giovanile a Napoli e in Italia.
3. Il terrorismo di sinistra: origine e storia delle Brigate Rosse.
4. Il terrorismo di destra: dalla strage di Piazza Fontana a quella della stazione ferroviaria di Bologna.
5. L'«autunno caldo» e le lotte operaie in Italia a cavallo degli anni Settanta.

Internet

Usando un motore di ricerca, trova informazioni sugli argomenti che seguono e poi presenta alla classe i tuoi risultati.

1. Trova il testo della canzone *Je so' pazzo* di Pino Daniele e analizzalo. Poi spiega in quale modo si collega al film.
2. Trova informazioni biografiche su tre delle vittime più note delle BR, l'operaio Guido Rossa menzionato nel film, il giudice Emilio Alessandrini e l'onorevole Aldo Moro.

4. Espansione

Il brano seguente è tratto dal libro contenente saggi e articoli di Alberto Moravia intitolato *Impegno controvoglia.* Il libro è lo stesso a cui si fa esplicito riferimento in questo film nella sequenza del dialogo tra il professore di liceo e il giudice Giuranna.

Da: Moravia, Alberto. *Impegno controvoglia.* Milano: Bompiani, 1980.

> Perché adesso?
>
> Noi giudichiamo la criminalità con criteri dell'Ottocento, un secolo, in fondo, molto meno criminale del nostro perché per motivi storici durante quel secolo i gruppi dirigenti e le masse condividevano allora la stessa scala di valori, razionale e unanimista: la criminalità non è soltanto violenza di atti ma anche e soprattutto criminalità di visione del mondo. Con questo voglio dire che, allora, forse si uccideva quanto e più di oggi; ma pochi nutrivano l'idea di essere giustificati a farlo. Oggi chi ammazza è convinto spesso di avere

delle ottime giustificazioni per una condotta criminale. Quali sono queste giustificazioni? Strano a dirsi, è stata, in tempi recenti, proprio la borghesia, cioè la classe che ha più da temere dai criminali, a suggerire simili autogiustificazioni con l'esaltazione decadente della violenza, della forza e in genere dell'irrazionalità, cioè con la creazione di una scala di valori di cui il meno che si possa dire è che è, in senso lato, antisociale. Il ladro che uccide senza ragione durante una rapina, il fascista che getta la bomba si ispirano ambedue a questa scala di valori.

Detto questo, bisognerebbe anche rendersi conto che l'immagine «buona» del popolo italiano che ci ha trasmesso il Risorgimento (pensiamo ad un De Amicis, per esempio) è del tutto falsa e interessata. E infatti, oggi, nel momento della grande crisi storica corrente, gli italiani sono tornati ad essere gli individualisti sanguinari, violenti e feroci che erano sempre stati nel loro più caratteristico passato. In tutta la sua lunga storia e almeno fino alla seconda metà dell'Ottocento, l'Italia è stata il paese dei briganti, dei banditi (all'inglese banditti), dei rapitori, dei grassatori, dei sicari e dei mandanti. Manzoni ci fa vedere quest'Italia criminale, ci fa toccare con mano l'impotenza delle cosiddette autorità di fronte ai «prepotenti», ci fa intuire che agli umili e, in genere, ai cittadini onesti non restava che fidare nella provvidenza. Bella consolazione! I «bravi» da lui descritti con significativa cura rassomigliavano come due gocce d'acqua ai cosiddetti «sanbabilini» e altri picchiatori; don Rodrigo, anche lui, è un ritratto in piedi dei tanti irresponsabili mascalzoni miliardari che finanziano il terrorismo. L'Italia, mettiamocelo bene dunque in mente, è un paese dove l'assassinio è sempre stato di casa.

Naturalmente, non si vuole dire con questo che la criminalità italiana è un fatto etnico. Si vuol dire che oggi come ieri in Italia, tra gruppi dirigenti e popolo non ci sono giusti e sani rapporti, anzi non ci sono rapporti affatto. E così rispunta l'idea antica e molto italiana che l'assassino è uno che si fa giustizia da sé, ammazzando il suo simile più ricco di lui soltanto, secondo lui, perché più furbo. Si aggiunga a tutto questo il cosiddetto consumismo, cioè l'invito a consumare a tutti i costi, anche magari col denaro dei sequestri e degli assalti alle banche; la cosiddetta alienazione industriale, cioè la costituzione in feticcio del guadagnare, dello spendere e così via; infine il disprezzo della vita umana dovuto al deprezzamento della medesima a causa della sovrappopolazione, e si avrà un'idea approssimativa delle schiaccianti determinazioni inconsce che sollecitano l'indice dell'assassino a premere il grilletto della pistola (o del mitra) senza ragioni (secondo i cronisti dei giornali) apparenti.

Individua nel testo le parole che si riferiscono alla criminalità e alla violenza, dividendole in tre gruppi secondo l'esempio:

Nomi	Aggettivi	Verbi
ladro	sanguinari	uccidere

1. Quale delle precedenti categorie ha il maggior numero di parole?

2. Quale ne ha il minor numero?

Dalla lista che hai compilato, scegli cinque parole e, aiutandoti con un dizionario italiano monolingue, cerca la loro definizione esatta per poi riportarla accanto:

	Parola	Definizione
1.		
2.		
3.		
4.		
5.		

Per capire e interpretare la lettura

1. Com'era il 1800 riguardo alla criminalità? Per quale motivo?
2. In cosa si differenzia invece l'atteggiamento criminale di oggi?
3. Quale può essere l'immagine degli italiani tratteggiata da De Amicis?
4. Qual era invece il ritratto dell'Italia offerto da Manzoni?
5. Cosa significa che «la criminalità italiana non è un fatto etnico»?
6. Qual è l'idea «antica e molto italiana» che rispunta oggi?
7. In generale, qual è la valutazione della società italiana degli anni Settanta che ne dà Moravia in questa lettura?
8. Puoi fare un paragone tra la società italiana qui descritta e quella del tuo paese durante lo stesso periodo storico? Ci sono più somiglianze o differenze?

Per concludere

Dopo aver visto tutti (o quasi tutti) i film presentati nel libro sorge spontaneo fare dei confronti. Nelle pagine che seguono, troverai domande e attività che ti aiuteranno in questo compito.

Domande generali per la discussione

1. Quale tra i film ti è piaciuto di più in assoluto? Per quali motivi?
2. Chi è stato il tuo attore preferito? In quali film lo hai visto recitare? Quali sono le caratteristiche che ti sono più piaciute nei suoi personaggi? Quali sono invece quelle che ti sono piaciute di meno?
3. Chi è stata la tua attrice preferita? Perché proprio lei? Fai una lista dei pregi e dei difetti del personaggio / dei personaggi che interpreta.
4. Quale tra i registi ti ha più colpito per il modo in cui lavora? Quali aspetti tecnici ti hanno impressionato di più? Quanti e quali altri suoi film hai visto?
5. Commedie, tragedie o tragicommedie? Raggruppa tutti i film visti in base alle categorie proposte. Credi che ci siano ancora altre categorie? Quali?
6. Film in bianco e nero o film a colori? Quali hai preferito? Perché? Secondo te, quali particolari effetti stilistici è possibile ottenere in bianco e nero piuttosto che a colori?
7. Quale colonna sonora ti piacerebbe riascoltare anche senza vedere il film? Perché?
8. In quale modo cambia la rappresentazione del corpo femminile attraverso i decenni e i contesti culturali rappresentati dai vari film?
9. Uomini seduttori e donne sedotte. Discuti le impressioni che hai avuto dei rapporti tra i sessi facendo riferimenti a personaggi specifici. Credi che la generalizzazione proposta sia valida? Perché sì, perché no?
10. Secondo te, quali sono gli elementi più realistici nei film che hai visto? Quali sono quelli più fantasiosi o improbabili?
11. Quali dei film affrontano in particolare il tema dell'emarginazione? In che modo?
12. Quale di questi film consiglieresti di vedere a qualcuno che non conosce l'Italia e vuole farsene un'idea?

13. In quale film ti sembra che gli italiani siano rappresentati in modo più conforme alle tue aspettative su di loro? Quale film ti ha invece particolarmente sorpreso in tal senso?
14. Gli italiani e gli altri. Quali gruppi etnici o nazionalità differenti vengono rappresentati in questi film? In che modo?
15. La rappresentazione dell'omosessualità tra caricatura, allusioni e imparzialità. Chi sono i personaggi dichiaratamente omosessuali? Di quali altri invece l'omosessualità è soltanto suggerita?

Confronti diretti

1. Marcello Mastroianni in *Divorzio all'italiana* e *I soliti ignoti.*
2. Vittorio Gassman in *Riso amaro* e *Il sorpasso.*
3. Roberto Rossellini e Vittorio De Sica, due modi di essere realisti. Quali tratti in comune e quali differenze credi di poter individuare tra i due registi basandoti soltanto sulla visione di due film diversissimi come *Roma, città aperta* e *Ladri di biciclette*?
4. Le rappresentazioni dell'architettura urbana in *Una giornata particolare* e *Roma città aperta.*
5. La vita del piccolo criminale in *La commare secca* e *I soliti ignoti.*
6. Settentrionali e meridionali. Quali sono gli stereotipi associati nei vari film agli uni e agli altri?
7. La vita nella grande città e quella in provincia. Cosa le accomuna, cosa le separa?
8. Roma e Milano attraverso l'ambientazione di alcuni dei film proposti.
9. Aspetti della politica italiana in *Mimì metallurgico* e *Tre fratelli.*
10. Nell'arco dei trentacinque anni che separano *Roma, città aperta,* girato nel 1945, e *Tre fratelli,* ambientato alla fine degli anni '70, l'Italia è cambiata in tanti modi. Credi che sia possibile identificare alcuni tratti comuni degli italiani al di là delle diversità storiche e socioculturali? Quali sono?
11. La Milano di *La notte* e quella di *Il posto.*
12. Fai un paragone tra *Mimì metallurgico* e *Divorzio all'italiana* mettendo in evidenza somiglianze e differenze tra i due film.

Altre attività riassuntive

1. Insieme ad uno o due altri studenti, scegli una breve scenetta da uno dei film e preparati a recitarla davanti alla classe. Sono necessarie poche parole e molta mimica. Il pubblico deve indovinare di quale film si tratta e chi sono i personaggi interpretati.

2. Senza fare nomi, prepara un breve riassunto scritto di una scena che ti è piaciuta in modo particolare e poi leggilo ai tuoi compagni, che dovranno scoprire di quale film stai parlando.
3. Prepara quella che per te è la descrizione dell'italiano (o dell'italiana) ideale riunendo in un solo personaggio tutti i valori positivi che puoi trovare nei protagonisti dei vari film.
4. Concentrati sui vizi nazionali degli italiani e descrivi un personaggio che li riassuma tutti, poi presentalo ai tuoi compagni.
5. «*Jeopardy*». Con alcuni compagni, organizza un gioco a premi con indovinelli che si basino sui film visti e poi invita la classe a partecipare.

Scheda 1

La locandina

1. Con l'aiuto di un compagno / una compagna, descrivi nel modo più dettagliato possibile la locandina del film e, successivamente, confronta i risultati con quelli degli altri studenti. Presta attenzione a tutti gli elementi che compaiono, non soltanto alle azioni o agli atteggiamenti dei personaggi.
2. Oltre al titolo e al nome degli attori e del regista, quali altre informazioni ti vengono offerte?
3. Dopo aver letto la trama del film, prova a fare delle previsioni più precise su quello che vedi rappresentato nella locandina.

Scheda 2

Un fotogramma da Internet

1. Chi sono i personaggi ritratti? Come si chiamano gli attori che li impersonano?
2. Cosa stanno facendo?
3. Quali sono i loro stati d'animo?
4. A quale punto del film ci si trova? Cosa è appena successo? Cosa sta per succedere?
5. Quali oggetti sono presenti? Che rapporto si instaura tra questi e i personaggi?
6. Secondo te, ci sono dei particolari dal valore simbolico? Quali?
7. Perché, a tuo modo di vedere, proprio questo fotogramma è reperibile in rete?

Bibliografie per saperne di più

Qui di seguito trovi una scelta di testi utili ai fini di ricerche più approfondite; se la tua biblioteca non li possiede, puoi ricorrere al prestito interbibliotecario. Oltre a suggerimenti bibliografici sui registi che già conosci, troverai libri che riguardano altri registi, alcune storie del cinema italiano e qualche testo sulla storia e sulla cultura italiana del ventesimo secolo.

I registi che conosci

Michelangelo Antonioni

Antonioni, Michelangelo. *Sul cinema.* Venezia: Marsilio, 2004.
Tassone, Aldo. *I film di Michelangelo Antonioni.* Roma: Gremese, 2002.
Tinazzi, Giorgio. *Michelangelo Antonioni.* Milano: Il Castoro, 2002.

Bernardo Bertolucci

Campari, Roberto; Schiaretti, Maurizio. *In viaggio con Bernardo. Il cinema di Bernardo Bertolucci.* Venezia: Marsilio, 1994.
Carabba, Claudio; Rizza, Gabriele; Rossi, Giovanni Maria. *La regola delle illusioni: il cinema di Bernardo Bertolucci.* Firenze: Aida, 2003.
Socci, Stefano. *Bernardo Bertolucci.* Milano: Il Castoro, 1996.

Giuseppe De Santis

Masi, Stefano. *Giuseppe De Santis.* Firenze: La Nuova Italia, 1982.
Parisi, Antonio. *Il cinema di Giuseppe De Santis: tra passione e ideologia.* Roma: Cadmo, 1983.
Toffetti, Sergio. *Rosso fuoco: il cinema di Giuseppe De Santis.* Torino: Lindau, 1996.

Vittorio De Sica

De Santi, Gualtiero. *Vittorio De Sica.* Milano: Il Castoro, 2003.
De Sica, Vittorio. *La porta del cielo. Memorie: 1901–1952.* Roma: Avagliano, 2004.
Micciché, Lino. *De Sica: autore, regista, attore.* Venezia: Marsilio, 1992.
Moscati, Italo. *Vittorio De Sica. Vitalità, passione e talento in un'Italia dolceamara.* Roma: Ediesse, 2004.
Pecori, Franco. *Vittorio De Sica.* Firenze: La Nuova Italia, 1980.

Federico Fellini

Fellini, Federico. *Block-notes di un regista.* Milano: Longanesi, 1988.
Kezich, Tullio. *Il dolce cinema.* Milano: Bompiani, 1978.
Kezich, Tullio. *Fellini.* Milano: Rizzoli, 1988.

Pietro Germi

Aprà, Adriano; Armenzoni, Massimo. *Pietro Germi: ritratto di un regista all'antica.* Parma: Pratiche, 1989.
Giacovelli, Enrico. *Pietro Germi.* Milano: Il Castoro, 1997.
Sesti, Mario. *Tutto il cinema di Pietro Germi.* Milano: Baldini & Castoldi, 1997.

Mario Monicelli

De Franceschi, Leonardo (a cura di). *Lo sguardo eclettico. Il cinema di Mario Monicelli.* Venezia: Marsilio, 2001.
Monicelli, Mario. *Autoritratto.* Firenze: Polistampa, 2002.
Sabatini, Mariano; Maerini, Oriana. *Intervista a Mario Monicelli. La sostenibile leggerezza del cinema.* Napoli: Edizioni Scientifiche Italiane, 2001.

Ermanno Olmi

Aprà, Adriano. *Ermanno Olmi: il cinema, i film, la televisione, la scuola.* Venezia: Marsilio, 2003.
Finatti, Luca. *Stupore e mistero nel cinema di Ermanno Olmi.* Roma: Associazione Nazionale Circoli Cinematografici Italiani, 2000.
Olmi, Ermanno; Masoni, Tullio. *Lontano da Roma: il cinema di Ermanno Olmi.* Firenze: La Casa Usher, 1990.

Pier Paolo Pasolini

Micciché, Lino. *Pasolini nella città del cinema.* Venezia: Marsilio, 1999.
Murri, Serafino. *Pier Paolo Pasolini.* Milano: Il Castoro, 2003.

Repetto, Antonino. *Invito al cinema di Pier Paolo Pasolini.* Milano: Mursia, 1998.

Dino Risi

Caprara, Valerio. *Dino Risi. Maestro per caso.* Roma: Gremese, 1993.
D'Agostini, Paolo. *Dino Risi.* Milano: Il Castoro, 1995.
Risi, Dino. *I miei mostri.* Milano: Mondadori, 2004.

Francesco Rosi

Bolzoni, Francesco. *I film di Francesco Rosi.* Roma: Gremese, 1986.
Mancino, Anton Giulio; Zambetti, Sandro. *Francesco Rosi.* Milano: Il Castoro, 1998.

Roberto Rossellini

Rondolino, Gianni. *Rossellini.* Torino: UTET, 1989.
Rossellini, Renzo; Contenti, Osvaldo. *Chat room. Roberto Rossellini.* Roma: Luca Sossella, 2002.
Rossellini, Roberto. *Il mio metodo. Scritti e interviste.* Venezia: Marsilio, 1997.

Ettore Scola

Ellero, Roberto. *Ettore Scola.* Milano: Il Castoro, 1996.
Scola, Ettore; Bertini, Antonio. *Il cinema e io.* Roma: Officina Edizioni, 1996.
Zagarrio, Vito. *Trevico-Cinecittà: l'avventuroso viaggio di Ettore Scola.* Venezia: Marsilio, 2002.

Luchino Visconti

Bencivenni, Alessandro. *Luchino Visconti.* Roma: Il Castoro, 1994.
Micciché, Lino. *Luchino Visconti: un profilo critico.* Venezia: Marsilio, 1996.
Rondolino, Gianni. *Luchino Visconti.* Torino: UTET, 2003.
Tramontana, Gaetano. *Invito al cinema di Luchino Visconti.* Milano: Mursia, 2003.

Lina Wertmüller

Cerulo, Maria Pia; Cipriani, Luigi; Conciatore, Mauro; Giraldi, Massimo; Ricci, Lilia (a cura di). *Lina Wertmüller. Il grottesco e il barocco in cinema: primo piano sull'autore, XII rassegna del cinema italiano.* Assisi: Associazione Nazionale Circoli Cinematografici, 15–20 novembre 1993.

Altri registi italiani

Accialini, Fulvio; Coluccelli, Lucia. *Paolo e Vittorio Taviani.* Milano: Il Castoro, 1979.
Bernardi, Sandro. *Marco Bellocchio.* Milano: Il Castoro, 1998.
Camerini, Claudio. *Alberto Lattuada.* Milano: Il Castoro, 1982.
Cherchi, Paolo Usai. *Giovanni Pastrone.* Milano: Il Castoro, 1986.
Cosulich, Callisto. *I film di Alberto Lattuada.* Roma: Gremese, 1985.
Della Casa, Stefano. *Mario Mattoli.* Milano: Il Castoro, 1990.
De Bernardinis, Flavio. *Nanni Moretti.* Milano: Il Castoro, 2002.
De Santi, Pier Marco. *I film di Paolo e Vittorio Taviani.* Roma: Gremese, 1988.
De Santis, Gualtiero. *Carlo Lizzani.* Roma: Gremese, 2001.
Frini, Roberto. *Neri Parenti.* Roma: Gremese, 2005.
Gambetti, Giacomo. *Florestano Vancini.* Roma: Gremese, 2000.
Ghirelli, Massimo. *Gillo Pontecorvo.* Milano: Il Castoro, 1979.
Gili, Jean A. *Luigi Comencini.* Roma: Gremese, 2005.
Giralgi, Massimo. *Giuseppe Bertolucci.* Milano: Il Castoro, 2000.
Gori, Gianfranco. *Alessandro Blasetti.* Milano: Il Castoro, 1984.
Gosetti, Giorgio. *Luigi Comencini.* Milano: Il Castoro, 1988.
Grmek Germani, Sergio. *Mario Camerini.* Milano: Il Castoro, 1980.
Maraldi, Antonio. *Antonio Pietrangeli.* Milano: Il Castoro, 1992.
Marrone, Gaetana. *Lo sguardo e il labirinto. Il cinema di Liliana Cavani.* Venezia: Marsilio, 2003.
Masoni, Tullio. *Marco Ferreri.* Roma: Gremese, 1998.
Mininni, Francesco. *Sergio Leone.* Milano: Il Castoro, 1994.
Minotti, Gianluca. *Valerio Zurlino.* Milano: Il Castoro, 2001.
Parigi, Stefania. *Francesco Maselli.* Milano: Il Castoro, 1992.
Pezzotta, Alberto. *Mario Bava.* Milano: Il Castoro, 1997.
Pistoia, Marco. *Maurizio Nichetti.* Milano: Il Castoro, 1997.
Prudenzi, Angela. *Raffaele Matarrazzo.* Milano: Il Castoro, 1991.
Pugliese, Roberto. *Dario Argento.* Milano: Il Castoro, 1996.
Rossi, Alfredo. *Elio Petri.* Milano: Il Castoro, 1979.
Saba, Cosetta G. *Carmelo Bene.* Milano: Il Castoro, 1999.
Sarno, Antonello. *Pupi Avati.* Milano: Il Castoro, 1993.
Scandola, Alberto. *Marco Ferreri.* Milano: Il Castoro, 2004.
Trasatti, Sergio. *Renato Castellani.* Milano: Il Castoro, 1984.
Verdone, Luca. *I film di Alessandro Blasetti.* Roma: Gremese, 1989.

Alcune storie del cinema italiano

A.A.V.V. *Un secolo di cinema italiano.* Milano: Il Castoro, 2000.
Bernardi, Sandro (a cura di). *Storia del cinema italiano (1954–1959).* Venezia: Marsilio, 2004.

Bertarelli, Massimo. *Il cinema italiano in 100 film.* Roma: Gremese, 2004.
Bono, Francesco. *Casta diva & co. Percorsi nel cinema italiano fra le due guerre.* Viterbo: Sette Città, 2004.
Brunetta, Gian Piero. *Cent'anni di cinema italiano. Vol. 1: Dalle origini alla Seconda guerra mondiale.* Bari: Laterza, 2003.
Brunetta, Gian Piero. *Cent'anni di cinema italiano.Vol. 2: Dal 1945 ai giorni nostri.* Bari: Laterza, 2004.
Brunetta, Gian Piero. *Guida alla storia del cinema italiano (1905–2003).* Torino: Einaudi, 2003.
Brunetta, Gian Piero. *Storia del cinema italiano. Vol. 1: Il cinema muto 1895–1929.* Roma: Editori Riuniti, 2001.
Brunetta, Gian Piero. *Storia del cinema italiano. Vol. 2: Il cinema del regime 1929–1945.* Roma: Editori Riuniti, 2001.
Brunetta, Gian Piero. *Storia del cinema italiano. Vol. 3: Dal neorealismo al miracolo economico 1945–1959.* Roma: Editori Riuniti, 2001.
Brunetta, Gian Piero. *Storia del cinema italiano. Vol. 4: Dal miracolo economico agli anni Novanta 1960–1993.* Roma: Editori Riuniti, 2001.
Brunetta, Gian Piero (a cura di). *Identità italiana e identità europea nel cinema italiano dal 1945 al miracolo economico.* Torino: Fondazione Agnelli, 1996.
Bruschini, Antonio; Tentori, Antonio. *Profonde tenebre, il cinema giallo e thrilling dalle origini al 1982.* Roma: Mondo Ignoto, 2001.
Caldiron, Orio (a cura di). *Storia del cinema italiano (1934–1939).* Venezia: Marsilio, 2005.
Canova, Gianni (a cura di). *Storia del cinema italiano (1965–1969).* Venezia: Marsilio, 2005.
Cattini, Alberto. *Strutture e poetiche nel cinema italiano.* Roma: Bulzoni, 2002.
Chinnici, Giuseppe. *Cinema, Chiesa e movimento cattolico italiano.* Roma: Aracne, 2003.
Chiti, Roberto; Lancia, Enrico. *Dizionario del cinema italiano. I film. Vol. 1: Tutti i film italiani dal 1930 al 1944.* Roma: Gremese, 2005.
Corsi, Barbara. *Con qualche dollaro in meno. Storia economica del cinema italiano.* Roma: Editori Riuniti, 2001.
Cosulich, Callisto (a cura di). *Storia del cinema italiano (1945–1948).* Venezia: Marsilio, 2003.
Cozzi, Luigi; Tentori, Antonio. *Horror Made in Italy. Il cinema gotico e fantastico italiano.* 2 Voll. Roma: Mondo Ignoto, 2001.
De Giusti, Luciano (a cura di). *Storia del cinema italiano (1949–1953).* Venezia: Marsilio, 2003.
Della Casa, Stefano. *Storia e storie del cinema popolare italiano.* Torino: La Stampa, 2001.
De Vincenti, Giorgio (a cura di). *Storia del cinema italiano (1960–1964).* Venezia: Marsilio, 2002.

Di Giammatteo, Fernaldo. *Lo sguardo inquieto. Storia del cinema italiano (1940–1990).* Firenze: La Nuova Italia, 1997.
Fantoni Minnella, Maurizio. *Non riconciliati. Politica e società nel cinema italiano dal neorealismo a oggi.* Torino: UTET, 2004.
Giacovelli, Enrico. *Non ci resta che ridere. Una storia del cinema comico italiano.* Torino: Lindau, 1999.
Giacovelli, Enrico. *Un secolo di cinema italiano 1900–1999. Vol. 1: Dalle origini agli anni Sessanta.* Torino: Lindau, 2002.
Giacovelli, Enrico. *Un secolo di cinema italiano 1900–1999. Vol. 2: Dagli anni Settanta a fine millennio.* Torino: Lindau, 2002.
Kezich, Tullio. *Primavera a Cinecittà. Il cinema italiano alla svolta della «Dolce vita».* Roma: Bulzoni, 1999.
Lancia, Enrico; Poppi, Roberto (a cura di). *Dizionario del cinema italiano. Gialli, polizieschi, thriller. Tutti i film italiani dal 1930 al 2000.* Roma: Gremese, 2004.
Lancia, Enrico; Poppi, Roberto (a cura di). *Dizionario del cinema italiano. Vol. 1: Gli attori A–L.* Roma: Gremese, 2003.
Lancia, Enrico; Poppi, Roberto (a cura di). *Dizionario del cinema italiano. Vol. 2: Gli attori M–Z.* Roma: Gremese, 2003.
Lapertosa, Viviana. *Dalla fame all'abbondanza. Gli italiani e il cibo nel cinema italiano dal dopoguerra a oggi.* Torino: Lindau, 2002.
Melelli, Fabio. *Storie del cinema italiano.* Perugia: Morlacchi, 2002.
Miccichè, Lino. *Il cinema italiano: gli anni '60 e oltre.* Venezia: Marsilio, 1995.
Miccichè, Lino. *Filmologia e filologia. Studi sul cinema italiano.* Venezia: Marsilio, 2002.
Renzi, Renzo. *La bella stagione. Scontri e incontri negli anni d'oro del cinema italiano.* Roma: Bulzoni, 2001.
Russo, Paolo. *Breve storia del cinema italiano.* Torino: Lindau, 2002.
Zagarrio,Vito (a cura di). *Storia del cinema italiano (1977–1985).* Venezia: Marsilio, 2005.

Un po' di storia e di cultura italiana del ventesimo secolo

Barbagallo, Francesco. *Mezzogiorno e questione meridionale (1860–1980).* Napoli: Guida, 1980.
Biagi, Enzo. *Il buon paese.* Milano: Mondadori, 1982.
Biagi, Enzo. *«I» come Italiani.* Milano: Rizzoli, 1993.
Bocca, Giorgio. *Miracolo all'italiana.* Milano: Feltrinelli, 1980.
Bocca, Giorgio. *Storia della Repubblica italiana: dalla caduta del fascismo a oggi.* Milano: Rizzoli, 1982.
Bocca, Giorgio. *Il terrorismo italiano, 1970–1980.* Milano: Rizzoli, 1981.

Bravo, Anna. *Il fotoromanzo.* Bologna: Il Mulino, 2003.
Bufalini, Paolo. *Il divorzio in Italia.* Roma: Editori Riuniti, 1974.
Cavallaro, Felice. *Mafia: album di Cosa Nostra.* Milano: Mondadori, 2001.
Cazzola, Franco. *L'Italia contadina.* Roma: Editori Riuniti, 2000.
De Grazia, Victoria. *Le donne nel regime fascista.* Venezia: Marsilio, 1993.
De Grazia, Victoria; Luzzatto, Sergio. *Dizionario del fascismo.* Torino: Einaudi, 2003.
Di Cori, Paola. *La donna rappresentata: il corpo, il lavoro, la vita quotidiana nella cultura e nella storia.* Roma: Ediesse, 1993.
Galli, Giorgio. *I partiti politici italiani: 1943–2000.* Milano: Rizzoli, 2001.
Ginsborg, Paul. *Storia d'Italia dal dopoguerra a oggi.* Torino: Einaudi, 1989.
Ginsborg, Paul; Florese, Marcello; Perini, Sandro; Draghi, Bernardo. *Storia d'Italia 1943–1996: famiglia, società, stato.* Torino: Einaudi, 1998.
Innocenti, Marco. *L'Italia del dopoguerra, 1946–1960: come eravamo negli anni dal boogie-woogie alla dolce vita.* Milano: Mursia, 1995.
Marino, Giuseppe Carlo. *Storia della mafia.* Roma: Newton & Compton, 1998.
Montanelli, Indro. *L'Italia in camicia nera.* Milano: Rizzoli, 1979.
Montanelli, Indro; Cervi, Mario. *L'Italia degli anni di piombo (1965–1978).* Milano: Rizzoli, 1991.
Montanelli, Indro; Cervi, Mario. *L'Italia del Novecento.* Milano: Rizzoli, 1999.
Pellicciari, Giovanni; Albertelli, Gianfranco. *L'immigrazione nel triangolo industriale.* Milano: Franco Angeli, 1970.
Pugliese, Enrico; Rebeggiani, Enrico. *Occupazione e disoccupazione in Italia (1945–1995).* Roma: Lavoro, 1997.
Zavoli, Sergio. *C'era una volta la prima repubblica. Cinquant'anni della nostra vita.* Milano: Mondadori, 1999.
Zavoli, Sergio. *Viva l'Itaglia.* Milano: Mondadori, 1995.